Walter Hasenclever

Ich hänge, leider, noch am Leben

Briefwechsel mit dem Bruder

Herausgegeben
und mit einem Nachwort
von Bert Kasties

WALLSTEIN VERLAG

1. An Paul Hasenclever

Stubbenkammer auf Rügen 15.VII.18

Lieber Paul!
Tante Paula sandte mir Deinen Brief, den ich an Dich direkt beantworten möchte. Ich freue mich, daß wir auf diese Weise persönlich in Verbindung kommen.

Zur Sache selbst: ich lese im allgemeinen nicht unter 400 M. Honorar bei der unglaublichen Verteuerung des Reisens. Wenn aber der Vortrag Ende Dezember, Anfang Januar in Bonn stattfinden kann, so bin ich, der ich dann zu Weihnachten bei Thiers in Aachen bin und also die Reise spare, bereit, es für 250 M. zu tun – wie zur gleichen Zeit in Duisburg und Düsseldorf. Es käme also in Betracht die Zeit 15. Dez. bis 15. Januar etwa. Ich werde entweder »Antigone« aus dem Gedächtnis lesen wie bei den Tournéen im vorigen Winter, oder allgemein »aus meinen Werken«, wie die Herren wünschen. Ich danke Dir für Deine Vermittlung und freue mich sehr, Dich zu sehen.

Mit herzlichen Grüßen!
Dein Bruder
Walter

2. An Paul Hasenclever

Oberbärenburg b. Kipsdorf im Erzgeb. 24.8.18

Lieber Paul!
Mittlerweile hatte mir Prof. Ruhland schon selbst geschrieben, und der Abend ist auf den 7. Januar festgesetzt. Nach Königsberg werde ich wohl nicht kommen; ich bin schon froh, wenn ich den Winter mal zu Hause

bleiben kann! Du kannst hierherkommen wann und wie Du willst; es ist nur die Frage, ob ich nach dem 15. September das Haus noch bis zum 1. Okt. mieten werde. Am besten, Du telegrafierst mir 3 Tage vorher und wartest meine telegrafische Antwort ab – für alle Fälle, damit ich nicht verreist bin. Schade, daß Du jetzt nicht hier warst, es war großer Betrieb hier, ich hatte jeden Tag neue Gäste. Alle Theater Berlins waren vertreten, und Schauspielerinnen, die hübsch waren, kollerten die Wiese herab. Jetzt ist Gottseidank wieder Ruhe und man kann arbeiten.

Wenn Du also kommst, so fährst Du bis Dresden, Hauptbahnhof; von dort fährt morgens gegen 8, mittags gegen 1 und abends gegen 7 ein Zug von Bahnsteig 12 via Kipsdorf, umsteigen in Hainsberg. Ich hole Dich in Kipsdorf ab, wir haben dann noch etwa eine Stunde aufwärts zu gehen. Wenn Du nicht mehr als einen Rucksack hast, können wir zu Fuß gehen, sonst müssen wir fahren. Von Dresden bis Kipsdorf sind 2 Stunden. Wenn Du in Dresden übernachten mußt, so steige Neustadt aus, fahre mit Linie 11 auf den Weissen Hirsch bis Rissweg, gehe dort in die Felsenburg, sage der Wirtin, Frau Nachtwey, ich sei Dein Bruder, schlafe in meinem Zimmer, lasse Dir Essen geben und zahle nichts. Sollte in Westpreußen Überfluß herrschen, so bringe bitte auf meine Rechnung, wenns geht, Eier und Butter mit soviel Du kannst überhaupt – was du kannst! Leg es bitte aus.

Also auf Wiedersehen.

Herzliche Grüße Walter

3. An Paul Hasenclever

Weisser Hirsch b. Dresden Felsenburg — 2.11.18

Mein lieber Paul!

In aller Eile herzlichen Dank für Deine vielen Briefe, die ich Schwein erst heute beantworte. Zu meiner Entschuldigung mag dienen, daß ich 4 Wochen in Berlin getobt habe und vieles erlebte. Ich *war* einer der Ersten, die Liebknecht die Hand am Bahnhof bei der Rückkehr reichten, ich brachte ihm Blumen und habe den unbeschreiblichen Zug, die Menge der Begeisterung mitgemacht, die unter dem Gesang der Marseillaise die Königgrätzer Straße hinter ihm marschiert ist. Diesen Einzug hatte sich Hindenburg geträumt, aber diese sinnlose Welt hat manchmal, scheinbar zu ihrer letzten Absurdität, eine Geste der Gerechtigkeit! Es war einer der wenigen, ganz großen Augenblicke, den ich erlebt habe. Der Triumph eines *wirklichen* Helden der Wahrheit und des Geistes.

Die Ereignisse, die ich seit Kriegsbeginn (übrigens auch Rudolf Thier) erkannt und vorausgesagt habe (am deutlichsten in meinem von der Zensur streng inhibierten Buch »Der Retter«) sind nun über eine ahnungslose Masse hereingebrochen; wir stehn, was nach der Dummheit und dem Dünkel dieses Volkes nicht zu vermeiden ist, vor einem wirklich viel gräßlicheren Kriege: der Revolution. Was die wenigen Menschen, die führen können, tun müssen, ist, zu *verhindern*, daß noch mehr Blut fließt. Die Revolution ist das Ende Deutschlands – die Anarchie.

Seit 4 Wochen dämmert die Wahrheit im Volke hoch, daß wir nicht überfallen sind, sondern überfallen haben, daß wir von gewissenlosen Schweinen, denen wir, rettungslose Arschkriecher, die Macht überantwortet haben, im vollen Umfange unserer Dummheit betrogen und belogen worden sind. Und nun? Herr Ludendorff »dankt« ab (was geschieht, wenn ein Gefreiter »abdankt«??) und Herr von Hohenzollern geht in Pension. Dem hintergangenen und gedemütigten Volk predigt man, anstatt ihm seine Katastrophe unter die Nase zu reiben, die Morgenröte der Demokratie, ein neuer Schwindel, mit dem Herr Stresemann (und Genossen) die Verantwortung von sich auf den lieben Gott wälzt. Herrliche Zeiten! Du mußt weiter scheißen statt Brot fressen, aber Demokrat darfst du sein – das heißt: du darfst an »nationale Verteidigung« glauben!

Lieber Junge! Was kommt, weiß man nicht. Ich halte es für das Beste, Du läßt Dich hier nieder; abgesehen von der Freude, Dich in der Nähe zu haben (keine Angst: ich werde meist in Oberbärenburg sein) bist Du hier sicher und lebst in einer verhältnismäßig anständigen Stadt. Ich sprach mit der Mutter. Sie bereitete mich schonend darauf vor, daß sie mich steigern müsse – sie kann nämlich bei der *entsetzlichen* Teuerung nicht anders – Pension kostet jetzt 9 M.: dafür ist sie hervorragend, Du wirst absolut satt und ich werde Dir ein sehr entzückendes Zimmer, Schlaf- und Arbeitszimmer, still auf dem zweiten Stock: da einzigem Gastzimmer auf dieser Etage herrichten lassen. Solltest Du mit 9 M. täglich in Schwierigkeiten kommen, so kann ich Dir selbstverständlich aushelfen: ich wäre beleidigt und Dein Bruder nicht mehr, wenn Du das nicht annehmen solltest!!

Ich fand Deine Äpfel hier vor und auch die Bücher; ich war tief gerührt über Dein Geschenk vom Großpapa: ich fand seinen, Onkel Justus und der Alten Namen hineingeschrieben und ruhe nun nicht, bis auch Du Dich dort kalligraphiert hast – damit wir Geschwister alle zusammen sind!! Sobald ich dazu komme, den Kjellein gelesen zu haben, sende ich ihn Dir. Ich muß wahrscheinlich noch einmal nach Berlin, mit Kokoschka ein Flugblatt herausgeben, das Aufsehen erregen wird. Wir werden einiges zur Demokratie sagen und malen! In Berlin erzählte ich Kestenberg, dem Musiker, der zugleich Leiter des Verlages Cassirer ist, viel von Dir, er *brennt* darauf, Dich und Deine Werke kennen zu lernen und wird alles dafür tun. Adresse: Leo Kestenberg, Verlag Paul Cassirer, Berlin, Viktoriastr. 2. Willst Du ihm nicht die Musik zur Antigone schicken, für die ich Dir, ohne sie zu kennen, schon jetzt tausendmal danke. Antigone wird wahrscheinlich gleichzeitig in Berlin (Reinhardt) Frankfurt (Zeiss) und Hamburg (Eger) herauskommen. Der Abgeordnete Heine hat vom Kriegsminister die Freigabe der militärischen Zensur erreicht! Es wäre gut, wenn Kestenberg die Musik gleich vervielfältigen und an die Theater vertreiben könnte – auch geschäftlich ist das von Nutzen für Dich.

Selbstverständlich stehst Du auf dem Theaterzettel und unser gemeinsames Debüt zum Beispiel vor den beschissenen Haucks wird lustig werden: Du solltest für diese Blase eine kleine Melodie zu dem bekannten Zitat aus dem Götz komponieren!

Zur Musik: Weichert war meiner Ansicht, daß man den V. Akt unter Musik setzen müßte! Trauertöne. Überhaupt wird mehr Musik nötig sein, als Du vielleicht angenommen hast. Zum Beispiel eine Introduktion (die man im Verlauf ja bei Bedarf wiederholen könnte) und Töne für die Dunkelheit, die die Szene nochmal unterstreicht. Was meinst Du? Ich nehme an, daß Du an die Stellen, die als musikalisch im Regiepart verzeichnet stehn, eo ipso gedacht hast (Flöten, Fanfaren, Tänze, Hörner) Ich will Dir nicht hereinreden. Du mußt im Zusammenhang des Ganzen entscheiden. Ich bitte Dich nur um baldige Sendung an Kestenberg, damit alle Vorbereitungen (Copien e.c.t.) für die Aufführungen rechtzeitig getroffen werden können. Auch nach Wien und Prag muß die Musik gesandt werden, wo das Stück herauskommt. Ich glaube, es wird gerade heute eine starke Wirkung haben, wenigstens nach Postberichten aus Hamburg, wo eben jetzt eine Rezitation war.

Kokoschka, der Dich liebt und für einige Zeit nach Wien fährt, läßt Dich herzlich grüßen, ebenso alle andern: K. dankt Dir für Bach! Ich lege Dir ein paar Kritiken – endlich – aus Berlin über »Die Menschen« ein. War mit Reinhardt eine halbe Nacht zusammen. Willst Du den Alten allein in Aachen lassen? Er wird bös, wenn Du Armer Dich auflöst. Bring ihn doch mit hierher. Annie und Marita sollen ja in Frankfurt sein. Beati possidentes!!

Es ist ½ 5 Uhr morgens. Ich höre auf. Leb wohl. Die allerherzlichsten Grüße!

Stets Dein Walter

4. An Paul Hasenclever

[...]

Lieber Bonze!
Da die Herzogsche Tochter kein Telefon hat, bin ich heraufgefahren, um sie persönlich aufzusuchen, konnte aber um 7 Uhr abends nicht ins Haus herein. Ich habe dummerweise ihren Namen nicht mitnotiert, sodaß ich ihr nicht schreiben kann. Morgen ist es zu spät. Sei so freundlich, den beifolgenden Brief morgen durch einen Boten an sie gelangen zu lassen auf meine Kosten.

Loschwitz W
Mahrstraße 10

5. An Paul Hasenclever

Weisser Hirsch b. Dresden, den 27. Dez. 18

Lieber Paul!
Ich richte diesen Brief gleichzeitig nach Bonn und Aachen und diktiere ihn in die Schreibmaschien, damit er desto leichter die Zensur passiert. Ich schreibe nur ganz kurz die notwendigsten Dinge und hoffe, dass wir uns bald wiedersehen um alles auszutauschen, was sich in der Zeit ereignet hat, seitdem wir uns trennten.

Von mir nur in wenigen Worten dieses: Seit meinem letzten Brief an Dich war ich durch die Ereignisse festgehalten, andauernd in Berlin. Ich kam vorgestern hierher zurück und fand Deine Briefe und Karten. Herzlichsten Dank für alles was Du schreibst. Ich hoffte jeden Tag von Berlin wegzukönnen und liess mir deshalb meine Post nicht nachschicken. Kokoschka und ich, einige Freunde, die plötzlich auftauchten und ein paar entzückende Frauen: das war eine Gemeinschaft im Hotel Koschel, die sogar die Revolution überdauert hat. Ueber die politischen Ereignisse möchte ich nichts sagen, da ich nicht weiss, welche Hände dieser Brief passiert, nur soviel: ich habe mich geweigert den politischen Rummel mitzumachen, in dem plötzlich jeder gut oder schlecht geartete Jude oder Christ versuchte, sich schnell auf einen Ministerposten zu schieben. Eine Zeit lang konntest Du Dich in Berlin vor politischen Vereinen, Kongressen, Versammlungen und Schiebern nicht retten, die Dir allesamt irgend einen Ausschuss oder Präsidenten anboten. Ein Gasangriff von politischen Dilettanten, der seinesgleichen in der Geschichte sucht. Ich lege Dir ein paar Worte über Kokoschkas Ausstellung bei, das einzige, was ich in der Revolution veröffentlicht habe, wo man zwischen den Zeilen manches lesen kann. Die Begeisterung mit dem umgekehrten Vorzeichen hat etwas ähnliches an sich wie damals in den Augusttagen 14, nur dass ich mich diesmal nicht kriegsfreiwillig gemeldet habe, sondern vorzog, den »Sohn« in den Kammerspielen zu inszenieren und selbst – o tempora, o mores! – den »Fürsten Scheitel« spielte. Das Stück ist dann Gott sei Dank auf dem Repertoire geblieben, ich habe einen über den andern Tag gespielt, manchen Ulk auf der Bühne getrieben und wenn Du mich gesehen hättest in meinem Frack aus Oxford, jung geschminkt, mit weisser Weste, im Monokel, wobei ich unerhört frech am Ende des Aktes auf den Tisch sprang und das Publikum mit »Es gibt noch viele Idioten« titulierte – so hättest Du Deinen Spass an mir gehabt. Die Aufführung selbst war grosse Premiere in Berlin. Im Hof des Deutschen Theaters standen die Autos der Regierung, und die Minister sassen im Parkett. Ob die Darstellung Adolf Hoffmanns Styl beeinflusst hat – die Zukunft muss es lehren! Ich will im Januar wieder nach Oberbärenburg und eine neue Arbeit beginnen. Eben habe ich an Kestenberg noch einmal wegen Deiner Musik geschrieben. Wenn ich Geld habe und die Züge fahren, möchte ich gerne die Antigone-Premiere in Frankfurt erleben. Bei den neuen Steuergesetzen wird ja unsere Frau Mutter etwas von ihrem Reichtum einbüssen, vielleicht entschliesst sie sich, uns vorher noch die Reise zu bezahlen. Was meinst Du, wenn wir in Frankfurt einen kleinen Putsch gegen die Familie Hauck unternehmen? Mit unseren revolutionären Beziehungen sollten wir doch Tante Anna etwas in Schutzhaft nehmen.

Nun eine wichtige Sache: Ich habe wegen der unmöglichen Zugverhältnisse alle Vorträge abgesagt und bin auch entschlossen, ehe nicht eine bessere Zeit eintritt, so möglich als wenig zu reisen. Bitte verständige Professor Ruland, dass es augenblicklich unmöglich ist, den Vortrag in Bonn zu halten. Aufgeschoben ist nicht aufgehoben. Bitte schreibe mir, was Du für die nächste Zeit vorhast. Soweit man disponieren kann, möchte ich wie gesagt, einige Monate wieder in die Einsamkeit gehen. Kokoschka lebt augenblicklich auf der Felsenburg und malt schöne Bilder. Er lässt Dich herzlich grüssen und liebt Dich sehr. Wenn Du Lust hast hierherzukommen, so kannst Du jederzeit in meinem Zimmer wohnen, das ich sowieso behalte, weil meine Sachen darin bleiben. Die Verpflegung ist weiter sehr gut und man fühlt sich bei der »Mutter« wohl. Wir haben entzückende Weihnachten gefeiert und wollen auch Neujahr zusammen sein.

Nun muss ich Dir noch eine traurige Mitteilung machen. Plötzlich, in wenigen Tagen, ist unsere Freundin Margot an der Grippe gestorben. Ich erhielt die Nachricht in Berlin und war sehr erschüttert, weil sie mich damals an der Grippe gepflegt hat und doch die einzige Frau war in Dresden, zu der man zum Thee gehen konnte. Ich dachte an unseren Abend mit ihr und war merkwürdig berührt, auf einer Karte, die Du mir schriebst, eine Erinnerung an sie zu lesen.

Bitte schreib mir sobald Du diesen Brief erhalten hast, wie es in Aachen geht und ob der alte Herr Brot und Butter hat. Das Leben wird immer unerschwinglicher, ich habe in Berlin bei einfachstem Wandel 50 M – täglich gebraucht; dafür leben wir hier immer noch unglaublich billig. Hätte ich in Berlin nicht meine Tagesgage gehabt, so hätte ich nicht existieren können. Es ist gut, dass der »Sohn« bei Reinhard eine Serie ist, er war tagelang ausverkauft und wird jetzt in vielen Städten gespielt, sodass ich meine Schulden bei Cassirer, von dem ich jetzt 2 Jahre lebe, einigermassen gedeckt werden. Wenn Du irgendwie etwas brauchen solltest, so schreibe mir, denn so viel kann ich immer noch auftreiben. Wenn der Staatsbankrott erst eingetreten ist, nimmst Du eine Ziehharmonika mit selbstverfertigten Weisen und gehst mit mir auf die Strasse, ich schreibe Couplets dazu. Marita allerdings müsste einen Spartakus heiraten. Leb wohl, alter Junge, ich warte sehnlichst auf ein Wort von Dir und umarme Dich in alter Treue.

Dein Walter

6. An Paul Hasenclever

Oberbärenburg Erzgebirge 26.I.19

Lieber Paulus!
Also: Deine Antigone-Musik ließ ich nach Frankfurt an Zeiss schicken und die übrigen Manuskripte sind vorläufig sicher aufgehoben in Berlin, bis Du weiter darüber verfügst. An Richard Weichert, unseren genialen Regisseur, schrieb ich Deinetwegen und forderte Reisegeld und Honorar für Dich als Dirigent der auf dem Zettel verzeichneten Musik. Alles *andere mußt Du nun mit ihm direkt ausmachen,* da er die Regie hat und ich selbst vor ihm ohnmächtig bin. Wenn Du im Reinen mit ihm bist, lasse Dir Paß aus Frankfurt schicken und schreibe direkt an die Intendanz der Städtischen Bühnen. Informiere mich, wie Deine Verhandlungen mit Weichert stehen und zu welchem Resultat sie geführt haben: ich nehme an, Du hast Dich auf mein Telegramm gleich mit Weichert, Adr. Mannheim, Nationaltheater, in Verbindung gesetzt. Ich selbst komme erst zum Tag der Generalprobe; denn: [...] – in diesem Fall der Regisseur!

Einliegenden Brief für Dich bekam ich von Kestenberg; K., der jetzt außerdem noch im Ministerium »Dezernent« ist, hat tatsächlich den Buckel voll; ich habe ihn aber noch mal selbst interpelliert, weil ich mich Dir gegenüber verantwortlich fühle. Tatsächlich aber erfolgte die Sendung vor der großen Ministerialpsychose, die jetzt sämtliche Berliner Geister erfüllt hat; K., von der Psychose nachdrücklich ergriffen, ist wie umgewandelt seitdem und ich selbst bin wegen meiner Antipolitik sehr im Verschiß. Den Verlag machen jetzt die Angestellten. Die Herren Chefs streben nach oben. Dies zur Erklärung seines Briefes. Tempora mutantur! Es kommen bessere Zeiten.

Einen Brief von Weichert, der den Kestenberg schon paralyiert, lege ich mit der Bitte um Rückgabe gleichfalls bei.

Über alle sonstigen Dinge Deines Briefes mündlich in Frankfurt, wenn wir uns sehen. Heute soviel: ich habe Deinen letzten Brief mit verdammter Wut gelesen. Ich finde es *unverantwortlich* vom Alten, seine Kinder aus Faulheit und Intoleranz hängen zu lassen! Er ist viel mehr Schuld als sie, die schließlich für ihren Irrsinn nichts kann. Ich bereue gar nichts und vor allem nicht, daß ich mein Stück gegen ihn geschrieben habe! Da hilft kein Sentiment: er ist in seiner Dummheit *verbrecherisch*.

Nun höre. Ich schicke Dir zum 1. Febr. 150 M, denn Du kannst unmöglich leben, außerdem habe ich jetzt reichlich. Bitte keine Widerworte, ich würde das wirklich übel nehmen. Ich plane folgendes: Wie Du weißt, habe ich von der Großmama ein kleines Kapital, dessen Zinsen ich verbrauche. Vor meinem 36. Lebensjahre kann ich jährlich 3000 M. abheben. Ich beabsichtige nun, Paula zu orientieren und sie zu bitten, als *Vorschuß* auf diese Summe (für die ich mich notariell verpflichten werde) Dir vorläufig monatlich die 150 M zu zahlen, bis bessere Zeiten kommen. Ein glattes Geschäft, das ich mit 5%

verzinsen will – die kriegt sie bei Haucks unter den jetzigen Umständen für baares Geld noch lange nicht. Tut sie es nicht (weil oder vielmehr: wenn sie ebenso pathologo=geizig ist wie ihre weiland Schwester) so betrete ich ihr Haus nicht mehr und desavouiere sie, wo ich kann. Nicht umsonst hat Heine vor mir gelebt und gezeigt, wie man mit seiner Familie umgeht. Wir wollen doch mal sehn! Über unsere famosen Eltern sprechen wir mündlich. Hauptsache ist, daß wir uns jetzt gegenseitig helfen und uns durchbringen. Wenn Paula funktioniert – ich wiederhole: kein Geschenk – ein sicheres Geschäft! – und nachträglich die 150 M. pro Februar zahlt, dann kannst Du sie mir ja wiedergeben. Einstweilen behalte sie. Soweit mein Plan.

Trotzdem – nichts ohne Dein Einverständnis! Ich bitte Dich also, mir Deine Antwort zu *telegrafieren*, da Eile nottut, und zwar adr: Oberbärenburg, Erzgebirge. Sobald dies Telegramm da ist, schreibe ich an sie.

Schreib mir bitte, ob Marita Geld braucht; ich würde ihr dann gern etwas schicken und schreib mir, wieviel. Es ist eine Schande, daß die Alte auf dem Geldsack sitzt und wir armen Hunde uns durchschlagen müssen. Das muß anders werden! Wir werden diesen Fall eingehend durchsprechen. Die Alte wird in ihrem Irrsinn das ganze Geld verlieren – dafür sorgen schon die »Consols« der Firma Hauck – und wir müssen nachher womöglich sie selbst ernähren (was nicht das Schlimmste wäre!); dann hätten wir jedenfalls Ruh! Die Alte soll das Geld meinethalben auffressen, aber die Marita nicht drangsalieren!! Wir haben die Pflicht, die Schwester vor dem Irrenhaus Hochforst zu schützen, da sie kein Junge ist und sich nicht helfen kann. Ich lege Dir das eingehend ans Herz! Das Kind wird sonst auch noch meschugge. Ein Glück, daß sie draußen ist.

Zum Schluß noch eine Sache, alter Junge. Mach nicht so schrecklich Radau, wenn auch mal was mit der Musik in Frankfurt nicht gleich klappt. Ich habe nun schon manche Premiere auf dem Buckel und Wunder erlebt! Zum Schluß geht doch alles gut – nur Ruhe. Die Bühne ist das Reich der Kompromisse und was ich Dir sage ist ernst: ich, der Autor, füge mich nach meinen Erfahrungen vollkommen dem Regisseur – *den ich im Fall Weichert liebe und verehre.* Tu Du es auch! Denn man ist doch machtlos vor der Regie, wie es auch kommt: wenn Du nicht mit den Andern scheißt, wirst Du beschissen. Du kannst Dich auf Weichert verlassen und ihm völlig vertrauen. Außerdem ist Zeiss der anständigste und seriöseste Theaterleiter in Deutschland. Bedenke, daß die Musik nicht im Conzertsaal, *sondern auf der Bühne im Zusammenhang mit dem Spiel* vor sich geht. Wenn Du im Saal dirigierst, wird Dir kein Schwein dreinreden. Auf dem Theater müssen wir uns alle dem Regisseur fügen: auch Du, mein Sohn Brutus!

Nun lebe wohl, drahte gleich und sei aufs herzlichste gegrüßt.

Dein alter Bruder
Walter

7. An Paul Hasenclever

Weisser Hirsch, Felsenburg 12.II.19

Dringende Privatsache!

Lieber Paul!
Dein dringendes Telegramm nach Oberbärenburg erhielt ich hierher. Gleichzeitig ein Telegramm aus Frankfurt, daß man nach Deiner »kategorischen« Ablehnung, nur den szenischen Teil der Musik aufführen zu lassen, lieber

auf die ganze Musik verzichten möchte. Und zwar teilt *Weichert* mir dies persönlich mit. 2 Telegramme an Dich in dieser Angelegenheit (das erste motivierte Frankfurts Gründe: da sie das Opernorchester nicht zur Verfügung haben, außerdem kein Platz im Schauspielhaus weder vor noch hinter der Bühne für *soviel* Musiker ist, *können* sie den symphonischen Teil einfach nicht bringen!) wurden nicht angenommen. Ich liege krank zu Bett und kann deshalb nur wenig schreiben, werde wohl kaum nach Frankfurt fahren können. Ich habe in meinem letzten Brief an Dich ausdrücklich die Schwierigkeiten eines Theaterbetriebes auseinandergesetzt und keinen Zweifel daran gelassen, daß Weichert als Regisseur eben diese Vollmacht hat. Da seine Gründe schließlich stichhaltig sind, Du aber »kategorisch« jede weitere Lösung ablehnst (schließlich kann man das Stück nicht in der Oper spielen!) so bin ich außerstande, auf die Regie irgend einen Einfluß zu nehmen – denn das letzte Wort hast Du ja schon gesprochen – außerdem bin ich rechtlich nicht in der Lage, die Regie umzustoßen. Es tut mir von Herzen leid, denn ich hatte mich sehr gefreut und schließlich hätte doch auch jener Teil der Musik gewirkt, den man dort absolut bringen wollte und *bringen konnte*! Wenn Du einige Jahre in diesem Betrieb gestanden hast, mein ich, wirst Du erkennen, daß mit kategorischen Telegrammen am Theater nicht viel zu machen ist, denn schließlich sind ja nicht wir zwei nur die einzigen Freud= oder Leidtragenden – sondern beinahe ein ganzes Dorf von Mitwirkenden, über die nicht wir die Verantwortung tragen und die irgendwie untereinander auf Kompromisse angewiesen sind. Das ist in Berlin noch viel schlimmer und wird den Autoren gegenüber rücksichtsloser gehandhabt als in Frankfurt, wo die Leute ihr Menschenmögliches tun wollten. Ich bat Frankfurt, Dich als Leiter des szenischen Teils zu berufen – aber das ist ja nun hinfällig. Ich hoffe, wir haben ein ander Mal mehr Glück. Ich selbst, von Gott gestraft, werde wohl hier bleiben müssen. Leb wohl!!

Dein alter Bruder Walter

8. An Paul Hasenclever

Weisser Hirsch [Dresden], den 13.3.19

Dringende Privatsache!

Lieber Paul!
Durch eine Verschleppung erhielt ich Deinen Einschreibbrief erst jetzt eben vor drei Stunden. Ich selber lag drei Wochen im Diakonissenhaus, hier, wo ich an einer Entzündung operiert werden musste. Es geht mir jetzt wieder gut, ich darf laufen und tanzen. Aus den Berichten der Presse mit Ausnahme der Frankfurter Zeitung ist zu erkennen, dass die Aufführung ein grosser Erfolg gewesen ist; Weichert ist nach der Aufführung völlig zusammengebrochen und liegt in einem Frankfurter Krankenhause. Ich selber war keinen Augenblick über Dich verstimmt, im Gegenteil, ich hätte in Deinem Alter genau so gehandelt wie Du. Es lag mir nur daran, Dir mit brutaler Offenheit den Betrieb des Theaters auseinanderzusetzen, der wohl für einen schaffenden Künstler das traurigste Erlebnis ist, das ihm im Laufe der Jahre blühen kann. Deinen ausführlichen Brief werde ich mündlich mit Dir besprechen; lass Dir mit aller Verantwortung des Herzens und Gewissens nur soviel sagen, dass alle Verbrechen, über die Du Dich beklagst, im Theaterbetriebe nur selbstverständlich sind, im Gegenteil, die Frankfurter Intendanz war noch sehr anständig, Dich zu benachrich-

tigen, denn die Regie und der Theater-Direktor kann mit einem künstlerischen Erzeugnis, das er angenommen hat, machen was er will. Wenn ich Dir heute sage, dass die Zustände bei der Aufführung des »Sohn« in den Berliner Kammerspielen, wo ich doch selber mit spielte, derartig waren, dass ich noch drei Stunden vor der Premiere am Ende der Generalprobe das Stück wegen unerhörter Schweinereien absetzen wollte, (z. B. fehlte die ganze Musik und Statisterie des 3. Aktes, bis ich Reinhard selbst auf die Bühne holte) dann wirst Du die Naivität Deiner jetzigen Anschauungen bald verlieren! Obzwar der »Sohn« über 30 Mal gespielt worden ist, ich also für die Leute ein »Geschäft« bin, wäre nicht abzusehen, was mir jetzt bei der »Antigone« passierte – wenn nicht Reinhard selbst die Regie führte; die 1. Probe hat heute morgen um 11 Uhr begonnen! Gleichzeitig sende ich an das Deutsche Theater den beifolgenden Brief. Die Frankfurter Intendanz habe ich gestern gebeten, Deine Musik, falls Du nicht schon selbst darüber verfügt hast, – was ich nicht hoffe! – sofort eingeschrieben an Cassirer zu schikken. Solltest Du anders disponiert haben, so veranlasse, dass die Musik sofort an Cassirer geschickt wird. Es ist anzunehmen, dass die Berliner Aufführung in ganz grossem Stile vor sich geht. Es liegt mir daran, dass dieser Brief sofort in Deine Hände gelangt, deshalb stelle ich alles andere zurück und verwahre es bis zu unserer Zusammenkunft. Bitte beschränke Dich auch in Deinen Briefen auf das Notwendige: Wir müssen sehen, dass aus diesem Plane unter allen Umständen etwas wird. Bereite Dich darauf vor, in 14 Tagen nach Berlin zu fahren; ich werde dafür sorgen dass die Bedingungen derartig sind, dass Du dort gut leben kannst. Ausserdem muss man ja Tantiemen für die Aufführung zahlen; ich werde, wenn Du einverstanden bist, Vertrag und Abrechnung darüber dem Verlag Cassirer überlassen, der die Angelegenheit geschäftsmässig führen wird. Das private Honorar für Proben und Dirigieren überlasse mir; auf keinen Fall unterschreibe etwas ohne mein Einverständnis, weil man Dich sonst hereinlegen wird. Erhieltest Du die telegrafisch gesandten M 150.–? Ich frage nur der Ordnung halber, weil Du nichts davon schreibst. Sobald ich Nachricht aus Berlin habe, schreibe ich Dir.

Für heute herzlichste Grüsse
Dein treuer Walter

21.III.19

NB: Dieser Brief, am 21. eingeschrieben abgeschickt, *kam zurück,* weil pol. Siegel und Stempel fehlten! Mittlerweile traf Reinhardts Antwort ein, die ich beifüge. Die Correspondenz ist [...] mit Dir erschwert! W

9. *An Paul Hasenclever*

Weisser Hirsch [Dresden], den 24. April 1919

Lieber Paul!
Ich wollte erst die geschäftlichen Angelegenheiten abwarten, um Dir dann Definitives mitteilen zu können. Ich hatte mit dem Deutschen Theater einen grossen Krach und war entschlossen, mein Stück zurückzuziehen, da Reinhardt aus Faulheit sich nicht an der Regie beteiligen wollte. Mittlerweile haben die Leute nachgegeben und ich drängte nun um Entscheidung wegen Deiner Musik. Da der Vertrag, der damals abgeschlossen wurde, nichts von Deiner Musik enthielt, wohl aber Reinhardts Regie verlangte, so konnte ich nur diesen Punkt zum Ultimatum machen. Reinhardt hat sich Deine Musik vorspielen lassen und ich habe keinen Zweifel daran ge-

lassen, dass Deine Partitur-Wünsche in den Grundzügen erfüllt werden, wenn ich auch anheim stellte, dass man gewisse Kompromisse schliessen würde. Ich bekam das beiliegende Telegramm, das immerhin der Wahrheit entspricht – und mein ganzes Auftreten diesem Theater gegenüber war schliesslich derart gewesen, dass man es nicht gewagt hätte, mit der Musik Schweinereien zu machen. Ich habe nun heute verlangt, dass die Musik an Cassirer zurückgeschickt wird und gleichzeitig an diesen geschrieben, man soll die Musik dem Münchener National-Theater anbieten, wo unter Steinrück und Tilla Durieux eine erstklassige Aufführung zu erwarten ist. Wir haben in diesem Fall den Vorteil, vor Berlin und Frankfurt, dass wir rechtzeitig die Sache beginnen. Sobald also wieder mit München korrespondiert werden kann, wird verhandelt werden.

Ich sandte damals die M 150.– an Dich und habe sie bei der Post reklamiert. Wenn Du Geld brauchst, so schreibe mir und ich werde es durch eine Bank überweisen lassen, da der andere Weg ja leider unsicher ist.

Deinen Aufsatz über die Rheinischen Musikabende habe ich an die »Neue Schaubühne« gegeben, deren Mitarbeiter ich bin. Er wird demnächst in der Zeitschrift, die in 2000 Exemplaren erscheint, und ausgezeichnet geleitet wird, veröffentlicht werden, Belege werden Dir zugesandt.

Aus Gründen, die ich Dir mündlich entwickeln werde, habe ich meinen Vertrag mit Cassirer gelöst und bin zu meinem alten Freund Ernst Rowohlt übergegangen, dessen Verlag und Bühnenvertrieb sich ganz auf mich konzentrieren wird. Ihm will ich auch, wenn Du einverstanden bist, den Vertrieb der »Antigone-Musik« und evtl. Deiner anderen Werke übertragen. Es ist geplant, im nächsten Winter in seinem Vortragssaal in der Potsdamerstr. eine Reihe künstlerischer Abende zu veranstalten und ich habe eine Veranstaltung festgesetzt, an dem Du allein regieren und zum ersten Male, wenn Du willst, vor die Berliner Öffentlichkeit treten kannst. In Betracht käme ein Kammermusik-Abend und Lieder aus Deinen Werken. Wir können uns im Laufe des Sommers über ein Datum einigen; es muss rechtzeitig in Angriff genommen werden, und Du müsstest zu diesem Zwecke rechtzeitig nach Berlin kommen. Ich hoffe, dass bis dahin die Verbindung mit dem besetzten Gebiete sich leichter gestalten wird. Meine Adresse ist ab 1. Mai: Berlin, Hotel Koschel, ich bleibe ungefähr bis zum 15. in Berlin, halte dort einen grossen Vortragsabend, um die Premiere etwas auszunützen, lese dann noch in Hamburg in den Kammerspielen und habe die feste Absicht, am Ende ds. Mts. in Sylt an der Nordsee zu sein. Dort will ich leben und ein neues Stück schreiben und nicht vor Anfang November zurückkehren. Wenn es mir gelingt, eine grössere Summe aufzutreiben, so will ich mir dort am Meer ein Häuschen nehmen; wenn nicht, so werde ich schon sonst gut unterkommen und jederzeit für Dich Frass, Zimmer und Liebe bereithalten, falls Du mich im Laufe dieses Sommers dort besuchen willst. Wir können ja in getrennten Dörfern wohnen, damit die Geister sich nicht zu sehr aneinander reiben. Jedenfalls erkläre ich Dir, dass Du zu mir kommen kannst, wann und so oft Du willst – wir werden uns schon zusammen durchbeissen. Ich hatte gehofft, Dich in Berlin zu sehen, aber das ist nun illusorisch. Aber ich gebe die Hoffnung nicht auf! Ich sende Dir den Brief des Kölner Schmocks zurück. Lebe wohl und vergiss mich nicht, sowie ich Dich nicht vergesse.

Dein alter Bruder
Walter

10. An Walter Hasenclever

Aachen-Forst, den 28. Mai 1919

Geschäftliche Mitteilung
an

Herrn
Walter Hasenclever
z.Zt. Hotel Koschel
Berlin W.

1) betreffs: Nationaltheater München:
Für dort gilt dasselbe, was ich bereits in meinem letzten Geschäftsbrief über die Berliner Aufführung schrieb (insbesondere die endgültige Fixierung der Stärke des Streichorchesters, welche unbedingt einen Punkt des Vertrags bilden müsste; falls das Nationaltheater *selbst* nicht soviel Streicher zur Verfügung hat, so können evtl. Schüler des Odeon's aushelfen). Ich sandte damals jenen Geschäftsbrief in *zwei* Exemplaren, wovon eins am besten nach München geschickt werden mag, damit nach dessen Massgabe sogleich mit dem Abschreiben sowohl der Stimmen als auch der Partitur des *szenischen* Teils begonnen werden kann. Das Nationaltheater muss die evtl. gewünschten Aenderungen genau namhaft machen; sofern ich mit ihnen einverstanden sein kann, sollen sie dann vertraglich festgelegt werden, damit ich nachher auf Grund dieses Vertrages unter Umständen darauf bestehen kann, dass, abgesehen von eben diesen Aenderungen, alles so aufgeführt werden muss, wie es sich aus der Partitur ergibt. Auch die Anzahl der Orchesterproben (mindestens 4, ausser den Gesamtproben) muss im Vertrag vereinbart sein.

2) betreffs: Verlag Ernst Rowohlt.

Wenn die Absicht, obigem Verlage den Vertrieb meiner Antigone-Musik zu übergeben, so gemeint ist, dass dieser die nötigen Abschriften im Sinne meines letzten Geschäftsbriefes veranlassen und weitere Aufführungen vermitteln wird, so bin ich von vorne herein damit einverstanden; in diesem Falle bedarf es auch keiner weiteren Aufführungen. Bedeutet aber das Wort »Vertrieb«, dass die Antigone-Musik und evtl. meine sonstigen Werke von Ernst Rowohlt *verlegt* werden sollen, so bin ich auch damit – sogar sehr – einverstanden, weil sich auf diese Weise gleichzeitig eine Reform des Notendruckgewerbes durchführen liesse. Und das um so mehr, als gerade Ernst Rowohlt, zu dem ich das grösste Vertrauen habe, sich dafür interessieren lassen wird, die Geschmacklosigkeit und Rückständigkeit unserer ehrbaren Musikverleger – als Buchverlag – durch die Tat ad absurdum zu führen. *Nur müßte angesichts dieses wichtigen Problems, das sich schriftlich kaum erörtern lässt, mit allem Derartigen gewartet werden, bis ich demnächst persönlich mit Ernst Rowohlt darüber sprechen und das Nähere anregen kann.* Mein Plan steht fest: Es muss dahin kommen, dass man auch an einem Notenheft *an sich* soviel Freude haben kann, um darin von selber, wie in einem schönen Buche, zu blättern, ohne einen Ton anzuschlagen, vielmehr: indem man mit den *Augen* lauscht, was in allgemein-musikalischer Hinsicht von grossem Werte sein wird.

3) betreffs: Kammermusikabend.

Ich halte Anfang nächsten Jahres für den rechten Zeitpunkt, erstens, weil unterdessen in München die Antigone-Musik aufgeführt, zweitens, weil bis dahin dieses oder jenes meiner Werke von Rowohlt fertig verlegt sein wird. Ich schlage vor, ausser mir (Klavier) ein Streichquartett (etwa das Wiener Rosé-Quartett) und eine Sängerin (etwa Frau Küster-Herold aus Köln) zu verpflichten mit folgendem Programme:

1) *J. Weismann,* Streichquartett op. 14 F dur

2) *A. Schönberg,* Streichquartett op. 10 Fis moll mit Gesang

– Pause –

3) *P. Hasenclever,* Liedersuite op. 2 f. Altstimme u. Klavier

4) *H. Pfitzner,* Streichquartett op. 13 D dur

Alles nähere persönlich im Laufe des Sommers auf Sylt; dies Programm ist nur ein Entwurf.

4) betreffs: Neue Schaubühne.

Abgesehen von den Belegen wäre es mir lieb, wenn etwaige Entgegnungen, die in anderen Zeitungen oder Zeitschriften erscheinen sollten, mir vom Verlag der »Neuen Schaubühne« zwecks Widerentgegnung zugesandt würden.

5) anbei: *erstens* die Copie des Schreibens an Paul Cassirer,
zweitens ein Zettel, dessen Anheftung an Seite 2 der Antigonemusik-Partitur (vermittels Briefklammer) veranlasst werden möge,
drittens eine Postkarte, um den Empfang Deines Geschäftsbriefes und die Postkartenserie von neulich bestätigt zu erhalten.

6) Zum Schluss: bitte ich, über den kühlen Geschäftston dieses Schreibens als etwas Erzwungenes hinwegzusehen, und füge die allerherzlichsten und dankbarsten Grüsse bei.

In aller Treue:

Bruder Paul

11. An Walter Hasenclever

Köln, a/Rh. den 5. Juli 1919

Geschäftliche Mitteilung
an Herrn
Walter Hasenclever,
z.Zt. Westerland, auf Sylt

1. betreffs: Antigone-Musik.

Im sinfonischen Teil werden – schon aus rein musikalischen Gründen – bedeutende Striche eintreten, welche ich demnächst selbst in die Partitur einzutragen hoffe. Und zwar wird, ausgenommen das Scherzo,

	das	Vorspiel	um	26 Takte	(etwa ein siebtel)
	"	Intermezzo	um	23 "	(" ein fünftel)
und	"	Finale	"	85 "	(" ein siebtel)

gekürzt werden, was auch für die Regie (Reinhardt) von grosser Wichtigkeit ist. Im übrigen werden sicherlich mehr als »mindestens« vier Orchesterproben erforderlich sein.

2. betreffs: Ernst Rowohlt.

Ausser meinen Werken kämen natürlich auch solche Gleichgewillter in Betracht. Ich lege daher die Kritik über ein starkes Werk *Klemperers* bei, welches, da Schott unwürdige Bedingungen stellte, bisher noch keinen Verleger fand.

Gleichzeitig übersende ich eine Sammelkritik aus der »Frankfurter Zeitung«, worin auch über die »Menschen« und Kokoschka einiges gesagt wird.

3. betreffs: Kammermusikabend.

Aus dem Programmentwurf sind die kompromisselnden Streichquartette *Weismanns* und *Pfitzners* jetzt schon zu eleminieren. Anstatt ihrer kämen etwa solche von *Reger* (Es dur), *Debussy* (G moll) oder *Busoni* in Betracht. Ich habe mit dem *Roséquartett* (Wien), welches hier konzertierte, bereits gesprochen; es ist im Prinzip einverstanden. Als Sängerin schlug ich Emmy Heim (Wien) – welche bekanntlich von Kokoschka gemalt wurde – vor, wobei sich herausstellte, dass die Rosé's das Schönberg'sche Fis=moll=Streichquartett mit ihr bereits studiert haben. (Frau *Küster-Herold* muss übrigens völlig ausscheiden; sie ist erkannt als eine künstlerisch impotente »Solistin«, welche Modernität nur insoweit heuchelte, als sie auf diese Weise durch uns »vorwärts zu kommen« glaubte.) Bindendes und Näheres kann mit den Rosé's und der Heim natürlich erst auf Grund einer Vollmacht Rowohlts schriftlich abgemacht werden.

4. betreffs: Vortragsabend.

Der Vositzende der hiesigen »Gesellschaft der Künste« schrieb nach Dresden wegen eines »Vortragsabends Walter Hasenclever« zu Köln 1919/20; hoffentlich wurde der Brief, worin auch zu gelegentlicher Mitarbeit am »Strom« aufgefordert wird, unterdessen nach Westerland nachgeschickt. Ich schlug Herrn Nierendorff vor, den Vortragsabend um Weihnachten 1919 herum stattfinden zu lassen; man hat sogar vor, in Bonn (Gesellschaft für Literatur und Kunst) und Krefeld dasselbe zu vermitteln, sodass sich auf diese Weise eine Weihnachtstournée herstellen lassen könnte, welche Aachen als »Operationsbasis« hat. Auch die »Westdeutsche Monatschrift« (p./Adr. Dr. Fritz Coerper, Norbertstrasse 10, Köln, a./Rh.), zu der ich Beziehungen habe, erbittet gelegentlich dichterische oder betrachtende Beiträge; sie wird einige Exemplare zusenden, damit ein Einblick in ihr Streben gewonnen werden kann.

Herzliche Grüße: Bruder Paul

12. An Paul Hasenclever

Kiel – Heikendorf, 17.VII.19
Hotel Seeblick,

Lieber Paul!
Da ich unverdienterweise Geld bekommen habe, möchte ich Dich einladen. Nur weiß ich heute noch nicht, wo ich Anfang August bin. Voraussichtlich in Westerland. Würdest Du mich eventuell hier abholen? Ich höre, man kann Telegramme senden. Bitte benachrichtige mich sofort, wenn Deine Adresse sich verändert, ich tue das gleiche. Ich stehe unter dem Eindruck eines starken Erlebnisses, das ist der Grund meines unsicheren Wohnsitzes. Ich hoffe aber, bis Ende Juli hat sich alles geklärt. Schlimmstenfalls suchen wir uns zusammen irgendeine Insel aus. Ich freue mich schrecklich und rechne fest damit, daß wir uns sehen. Halten wir Anfang August als Termin fest. Vielleicht fährst Du nicht erst noch in die Eifel, sondern kommst gleich her. Das wäre auch gut wegen des Telegrafierens – die Eifel liegt wohl in der belgischen Zone?

Auf Wiedersehen, Dein
Walter

13. An Paul Hasenclever

[Kiel] 6. Febr. 20

Lieber Paulus (»Alter treuer Paulus!«)
in Eile: Auslegers Buch kannst Du erst am 1. März haben. Du wohnst bis dahin bei mir im Hotel: wir werden uns schon nicht stören; Pension ist für 25,– M: diese 10,– M pro Tag mehr laß bis zum 1. März meine Sorge sein. Teile mir rechtzeitig – eine Woche vorher – den Tag Deiner

Ankunft mit, damit ich ein Zimmer für Dich reservieren kann. Keine Widerrede! S Gewehr über – lllinks um – ohne Tritt marsch nach Kiel!!!

Herzlichst
Walterleben

14. An Paul Hasenclever

Dresden=A. 20 / Robert=Koch=Strasse 9 am 19. Oktober 1920
b. Schilling.
H./Kö.

Herrn Paul Hasenclever, *Heikendorf. b. Vogel.*

Lieber Paul!
In grösster Eile und sachlich, da wir uns ja bald sehen werden: »Jenseits« ist auf den 28. Oktober verschoben worden. Eine entscheidende Wendung ist eingetreten: ich bin Mitherausgeber der Zeitschrift »Menschen« geworden, habe zwei Zimmer in Schilling's Wohnung gemietet, die wir jetzt zu dritt bewohnen, er, ich und das Büro der Zeitschrift. Meine Möbel aus Aachen sind auf dem Wege hierher. Ein grosser Kreis anständiger und geistiger Menschen ist im Begriff, sich in Dresden zu bilden.

Ich beabsichtige, in der Gegend von Oberbärenburg ein Häuschen zu kaufen und habe schon Schritte dazu unternommen, ausserdem werde ich dauernd meine Stadtwohnung behalten und activ in das Kunstleben eingreifen. Es ist (unter strengster Diskretion) nicht unmöglich, dass ich mit einem anderen zusammen eine Bühne gründe. *Lina* ist bereits hier eingetroffen und führt uns die gemeinsame Wirtschaft. Ich rate Dir nun, Deinen

Plan mit Dresden zu verwirklichen. Schilling wird dafür sorgen, dass Du in der Nähe von uns womöglich im selben Hause ein nettes anständiges Zimmer bekommst; leider kannst Du nicht bei uns wohnen, da hier jedes Zimmer gebraucht wird. Du hättest aber auf diese Weise die Annehmlichkeit, Bad, Telefon und Büro mit benutzen zu können. Ausserdem würde Dir Lina einen Selbstkostenpreis machen, sodass Du jeden Mittag die Hauptmahlzeit des Tages mit uns einnehmen könntest, wobei Du die Garantie hast, gut, ausreichend und auf die billigste Weise satt zu werden. Abends kannst Du Dir einkaufen, ausserdem würde Lina für Dich mit sorgen. Deine Wäsche kannst Du bei uns waschen lassen. Ich selbst würde versuchen für Dich in unserer Zeitschrift die Musikkritik zu reservieren, sodass Du monatlich einen kleinen Zuschuss hättest. Ich bin am 26. wieder hier. Schreibe mir also bis dahin Deine Pläne. Solltest Du schon früher nach Dresden kommen, so wende Dich an Schilling, damit er rechtzeitig Dir ein Zimmer besorgen kann. Mein definitiver Einzug ist nach meiner Rückkehr am 15. Dez. Zu dieser Zeit beginne ich activ in der Zeitschrift zu arbeiten. Dein Sonderheft erscheint schon unter meiner Herausgeberschaft. Es geht mir seit vielen Monaten traurigen und zweifelhaften Lebens wieder gut und heiter. Sollten wir uns also nicht in Kiel sehen, dann auf Wiedersehen in Dresden. Bitte lasse meine bei Dir befindlichen Bücher einpacken und sende sie mir versichert zu, am besten so daß ich hier beim Empfang die Kosten bezahle: also unter Nachnahme! Solltest Du Auslagen haben, so verrechnen wir sie. Die Kaffeemaschine bringe mir bitte persönlich mit.

Herzlichst
Dein alter Bruder

15. An Paul Hasenclever

Rodenkirchen am Rhein 29. IV. 21
Weisserstr. 2

Alter Bonze!
Dein Mißgeschick aufrichtigst bedauernd, dichtete ich Dir heute, am Rhein liegend und in der Sonne bratend, folgende Trostverse:

I

Bonifaz war meist geladen,
Wo es viel zu essen gab.
Nach dem Essen, seelenruhig,
Wichste er sich einen ab.

Auf die Frage, was das heiße,
Und weshalb er solches tut,
Sagte er mit heiterer Miene:
»Das ist zur Verdauung gut.«

Moral:
Ein altes Schwein weiß auf Befragen
Noch immer einen Grund zu sagen!

II

Bonifaz (der Teufel hol ihn)
Sah den Poldi meist als »Sohn«.
Mitten in der ersten Szene
Schreit er »Poldi, fickst Du schon?«

Poldi hat vom letzten Tripper
Noch ein Suspensorium.
In der Szene mit dem Vater
Schnallte er sich dieses um.

Bonifaz jedoch entsetzte
längst auf einen stillen Ort.
Während Poldi spielen mußte,
Fickt er ihm die Huren fort.

Moral:
Der Deutsch, ein großer Herr beim Ficken,
Hat keinen Schwanz auf seinem Rücken!

III

Bonifaz, das alte Ferkel
War in Hochforst einquartiert,
wo man ihm statt guter Butter
Margarine nur serviert.

Höflich sprach zu ihm der Alte:
»Wir sind leider schlecht gestellt.«
Und die Alte schrie dazwischen:
»Heute kostet alles Geld!«

Was tat dieses alte Arschloch?
Klappt sich auf die Hose frisch
Und schiß, ohne was zu sagen,
Einfach auf den Frühstückstisch.

Moral:
Benimmt Dein Alter sich gemein,
So scheiß ihm in das Haus herein!

Vor allem diesen letzten Vers lege ich Dir zur Nachahmung ans Herz. Den Vers, der Deutsch betrifft, bitte ich, in meinem Namen ihm mitzuteilen. Was auf der Felsenburg haust, möge sich an den Versen erfreuen zu meinem

Gedächtnis. Sonst nichts Neues. Ich arbeite ständig. Vielleicht tut mir Oskar den Gefallen und läßt die Lithos signieren; ich brauche *zwei* Stück. Eines bitte mir zusenden. Ich will demnächst einmal Küstern aufsuchen; da ich es aber noch bestimmt weiß, bitte ihm gegenüber nichts davon erzählen. Ich komme selten nach Köln, mache täglich Luftbad und Schwimmen. Ich rate Dir, mit den Jahren zu unserem Freund Janson zugehen. Hättest Du die Abzesse, wie man Dich ständig beschworen hat, meinem Arzt gezeigt, so wärest Du sie, nach Konstatierung der Krätze, längst los.

Noch was, alter Bonze. Ich fürchte, Du wirst mir, guten Herzens, zum 8. Juli große Dedikationen machen. Wir wollen, da wir beide für unsere Verhältnisse wenig Geld haben, beschließen den edlen Wettstreit an Geburtstagen und Weihnachten aufzugeben – und das Geld lieber verficken. Glaub mir, wir haben mehr davon! Gute Besserung, in Treue

Dein alter Bonze
Walter

16. An Paul Hasenclever

17-8-21

Geliebter Bonze! Glück und Vertrauen
Zu Deinem Geburtstag in Schlesiens Auen!
Das Ficken möge Dich weiter entzücken
Auf Bauch, Arsch, Seite, Brüstung und Rücken.
Du magst es sitzend und stehend betreiben:
Stets soll Dein Schwanz ein Laternenphal bleiben,
Welcher mit aufwärtsgewendetem Haupt

Den Samen tief in die Fotze schraubt.
Ich wünsch' Dir beim Ficken Kälte und Hitze,
Doch meide die böse Tripperspritze,
Diese nämlich tut ziemlich weh;
Denke an Deinen frère aîné!
Zuguterletzt sprich statt Fotze »Fontze«,
Damit dich umarmen kann

Dein Bonze.

17. An Paul Hasenclever

z. Zt. Rodenkirchen b/Köln, den 21. Aug. 1921
Weisserstr. 2

Lieber Paul!
Gestern kam von Hauck M 1500.– von Dir an mich. Ich habe sie, wenn auch schweren Herzens, angenommen, obwohl ich gar nicht mit der Rückgabe gerechnet hatte. Das Geld erreichte mich in einem Augenblick, wo ich bar des Vermögens war, weil es sehr ungewiss ist, ob meine Reiseauslagen, wie ich voraussetzte, durch meine Theatertätigkeit hier eingebracht werden. Ich habe das Geld angenommen, weil ich glauben muss, dass Du es entbehren kannst und weil ja schliesslich Deine Kriegsanleihe etwas ererbtes war, für das Du nicht in trauriger Weise hast schwitzen müssen. Jedenfalls danke ich Dir vielmals. Ich werde versuchen, M 1000.– als Reserve zu halten und Du kannst dann, wenn es nötig ist, im Winter darüber verfügen.

Ich hoffe, Du hast Dein neues Lebensjahr in eitel Freude begangen. Ich las mit großem Vergnügen Deinen letzten Brief an mich, der unsere Erwartungen rechtfertigt.

Mache Dir klar, dass die Alten zahlen *müssen*, jetzt und später! Wir werden immer Mittel und Wege finden, durch Gutachten vor Gericht zu beweisen, dass Du schlimmstenfalls »erwerbsunfähig« bist. Einen Anzug für M 1000.– wirst Du unmöglich bekommen; M 1700.– dürfte das Mindeste sein. Du wirst den Alten die Rechnung zuschicken mit der Bemerkung, dass es in beiderseitigem Interesse ist, wenn Du keine Ersatzstoffe trägst.

Wir werden uns nicht vor Oktober wiedersehen, ich wünsche Dir eine gute Zeit und bin Dein alter Bruder

Walter

Ich gehe heute mit Deinem Geld auf die Kirmes!

18. An Walter Hasenclever

22.8.1921

Lieber Bonze!
Deine Muse
Hat beizeiten mich erreicht;
Anfangs wurd ich zwar konfuse,
Doch zu Tränen bald erweicht.

Jene Lehre frohen Fickens,
Deiner Phantasie entstammt,
Hat denn auch was zugleich Dickes
In der Hose mir entflammt.

Doch wohin mit diesem Pfahle?
Kennst Du denn die Damenwelt,
Die in Schweidnitz's Jammertale
Meine Augen überfällt?

Weißt Du auch, wie furchtbar häßlich
Hier die Weibsvisagen sind? –
Diese Beine, dick und gräßlich,
Sie entsteifen jeden Pint!

Sind die Mädels noch im Alter,
Wo man sie nicht ficken darf,
Ausgerechnet dann, o Walter,
Sind sie nett – und man wird scharf.

Aber Frauen sind sie bei Jahren,
So verfliegt der ganze Charme –
Auch bei solchen Exemplaren,
Die nicht ganz so hoffnungsarm.

Ach, bei diesem großen Jammer
Tröste ich mich nur dadurch,
Daß zu Dresden in der Kammer
Mimi harrt auf

Deinen Bursch.

19. An Paul Hasenclever

[Rodenkirchen bei Köln] [2.9.1921]

Bonze!
Ich sitze im seeligen Köln bei Parzifalklängen im Café Bauer. 1): sind die »Blue-Lamp-Rooms« keine Puffs, sondern ehrbare Unfallstationen der English-Army, 2): sind die hübschen ›uniformierten‹ Mädels keine Huren, sondern – leider – brave Beamtinnen der Occupation-Army!

Gruß und Kuß
Walter

Bonifaz war arg im Dalles,
Weil ihn Paulchen meist im Suff
Unerhörte Attraktionen
Hier verhieß im »English Puff«.

Aus dem blauen Lampenraume
Man ihn unsanft wieder stieß.
Seitdem ist bei Bonifazen
Diese Stadt hier im Verschiß.

20. *An Paul Hasenclever*

[Rodenkirchen bei Köln] [17.9.1921]

Wir wollten nur einmal feststellen, ob Du die an Deinen Vater gerichteten Karten liest! Im übrigen wünschen wir Dir zum Besuch Deines Vaters alles Gute. Laß ihn hübsch das Licht ausmachen und die Türen abschließen. Vergiß auch nicht die Patience und den Hund. Und lege ihm seine Schwiegertochter in die Arme!

Dein mißratener Bruder

[Von anderer Hand]

Lieber Paulemann!
Ich bin mal wieder hier. Wenn das die Alten wüssten!! Zu Weihnachten möchte ich mir gerne Dresden ansehen. Hoffentlich wird etwas daraus. Na, Dir und meiner lieben Schwägerin herzliche Grüsse
Marita

Vielen Dank für Deine Karte. Unsere Fahrt ging nach Trier (über Prüm) Berncastel dann.

21. An Paul Hasenclever

Wustrow 25.6.22

Lieber Paul!
Grather war während des Laut=Briefs in Berlin, scheidet also aus. Ich selbst habe die Vorgänge in Rodenkirchen nicht miterlebt, kann infolgedessen keine Stellung dazu nehmen. Aus Deiner Erzählung fand ich das Attentat, als in Erregung geschehen, zwar verständlich, die Verallgemeinerung jedoch: weil ein Hund häßlich sei, verdiene er schlechte Behandlung, nicht berechtigt. Das ist meine – auch von jedem Taktgefühl – unabhängige Meinung. Ferner bleibe ich dabei, daß die Angelegenheit peinlich ist.

Auch ich stehe auf dem Standpunkt, daß ein Hund nicht 4 Wochen hinterher an einem Venenschock sterben kann und habe diese Ansicht Laut mitgeteilt, bevor ich Deinen Brief bekam.

Deinen Brief an ihn sende ich Dir hier zurück, weil ich ihn nicht an ihn senden kann. Ich habe 6 Monate in seinem Hause gewohnt und trotz aller Schwierigkeiten niemals mit seiner Frau eine Differenz gehabt. Ich würde es nicht wagen, mit solcher Bestimmtheit Diagnosen zu fällen und bin zu pessimistisch, um zu glauben, Menschen mit Logik oder Dialektik verbessern zu können, auf die sie gar keinen Wert legen. Jeder lebt, wie er will; das gilt für Dich, für mich, für Laut und sogar für den Hund.

Der Brief, den Du an Laut geschrieben hast, ist mit soviel pädagogischem Stil belastet, daß er seine Wirkung verfehlen wird; er ist zu psychologisch, um zu überzeugen und zu rechthaberisch, um gerecht zu sein. Wenn man mit einem Menschen, dem man eine gewisse Dankbarkeit schuldig ist, eine Differenz auskämpft (die von seiner Seite auch scharf, aber sachlich begründet, durch

Überarbeitung, Verlust und ehrliche Schwierigkeit in eine Übertreibung ausartet), so darf man, glaube ich, als Jüngerer nicht geradezu beleidigen. Man kann die Frau eines solchen Menschen nicht als Morphinistin bezeichnen!

Ich schreibe das nicht als eine Kritik Deines Bruders – sonst würde eine ruchlose Correspondenz zwischen uns ausbrechen, der wir beide nicht gewachsen sind und die bei der drohenden Portoerhöhung den Rest unseres Pflichtteils verschlingen würde – sondern um zu begründen, weshalb ich Deinen Brief nicht an Laut senden kann. Ich bitte Dich, in diesem Falle zu tun, was Du für richtig hältst, ohne mich zu berücksichtigen, weder in meiner Stellungnahme zu Dir noch zu Laut.

———————

Ich danke Dir herzlich für Brief und Rat. Von Ausleger weiß ich mehr – und zwar von ihm selbst – daß er Kiel verlassen will. Der Buchpreis bei Kämmerer ist ja allein schon durch das gekaufte Papier überholt! Immerhin: es muß erwogen werden. Ich muß die geliehenen 6000 M. an Sommer zurückschaffen! Hast Du gehört, daß Alice herkommt? Ich habe ihr und Hannchen zum 12. Juli fest ein Zimmer gemietet. Deine Börsenerwägungen sind ja nun durch die Ermordung Rathenaus illusorisch – ein Beweis dafür, wie wenig man auf diesem Gebiet prophezeien kann! Diese Mordtat ist übrigens wieder eine solche Boche-Tat der Dummheit, daß man auswandern möchte, wenn man könnte – aber leider stehen meine Papiere tief in minus! Eine »[...]« Zeit. Alter Bonze: trotz manchmal gegenteiliger Meinung schließe ich Dich ans Herz!

Tausend Grüße an Mimi von Deinem alten Bruder
Walter

22. An Paul und Mimi Hasenclever

[Wustrow] [6.7.1922]

Lieber Paul und liebe Mimi!
Herzlichsten Dank für Euer Geschenk und Gedenken, das mich sehr gerührt hat. Leider wieder ein Jahr älter! Die Börse übertrifft, wie Du siehst, alter Bonze, selbst Deine kühnsten Erwartungen und Prophezeiungen sind die schlechtesten Geschäfte! Leider habe ich gar keine Devisen, sondern recht problematische Effekten. Übrigens: auf Grund Köster'scher Informationen soeben durch Quellen festgestellt, daß Goethe Swedenborg *wörtlich* im Faust I und II kopiert hat! Ich mache zeitweise 8=Stunden Tag; aber es wird langsam, wenn auch *sicher.* Düstere Zeiten nahen!

Herzlichste Grüße Euer alter Walter

23. An Paul Hasenclever

[August 1922]

Geliebtes Bruderherz! Nimm zum Geburtstag
Dies Postpaket hin mit erfreutem Blick.
Mög Dir am 20. ein froher Furztag
Bescheret sein und ein guter Fick!

O denk vor einem Jahr an jene Zeiten,
Als Du noch Jungfrau warst in Tilly's Land.
Wo sind die Damen hin, die uns begleiten?
Beate, Elly, Gantzels, Westerland!

Der Alte sitzt nicht mehr mit der Zigarre
Auf der Veranda, die uns meist betrübt.
Marita schleppt sich mit der Gärtnerkarre.
Und auch die Alte wird nicht mehr geliebt.

Nun denn! Ein neues Jahr beginnt die Kreise;
Auch Sirius, der Stern, nimmt seinen Lauf.
Dir selber wünsch ich nichts auf Deiner Reise
als nur das Eine: »Gärl, baß auf!«

24. An Walter Hasenclever

Dresden – Weisser Hirsch, den 22. Aug. 22

Bewußtsein und Unsterblichkeit,
o Bonze, sind von gleicher Dauer.
Wieso, warum und inwieweit,
das sagt Dein Buch uns jetzt genauer.

Drum sei bedankt für dies Present.
Ich weiß, daß viele uns verkohlten
in [...] Seele, die ja niemand kennt;
Nur Schleicher glaub' ich und Rowohlten.

Sieh, wie die beiden teils als Buch
teils als Prophet das All durchfurchen!
Inzwischen sei gegrüßt, und Gretha auch,
von Mimi und dem

alten Burschen.

25. An Paul Hasenclever

Schloß Elmau 26.I.23
Post Klais
Oberbayern

Lieber Paul!
Beifolgenden Brief, den ich erhielt, sende ich unversehrt an Dich weiter, da ich annehme, daß er Mimi gehört.

Mit herzlichen Grüßen
an Dich und Mimi:
Walter

26. An Paul Hasenclever

Paris, *4 rue du Ruisseau,* 14.I.25

Alter Bonze!
Die Stunde ist da, auch Dein frère ainé macht den Sprung. Ich heirate Ende Januar in Paris *Lili Turel,* die Schwester des Dichters Adrien, eine reizende Frau. Ich empfange Deinen Segen!

Dein alter Bonze

27. An Paul Hasenclever

Paris, 4 rue du Ruisseau 13.II.25

Geliebter Bonze und teure Mimi!
Lili und ich sind seit gestern verheiratet – betet für uns! Ich habe mich sehr gefreut, daß Paul Lili die Katzenzungen geschenkt hat; die Sympathie ist beiderseitig.

Hoffentlich können wir auch bald eine andersbenamte Ellen präsentieren – an mir soll's nicht fehlen.

Tausend herzliche Grüße von Ehe zu Ehe
Euer getreuer frère und confrère
Walter

28. An Paul Hasenclever

[Paris] [27.6.1925]

Teurer Bonze!
Dank für versöhnliche Swedenborg=Gedanken! Mein neues Stück, das trotz Journalismus *gute* Fortschritte macht, wird, glaube ich, wieder ein Wurf wie der »Sohn«. Ganz neu im Kopf, *gelöst* in Sprache und Dialog, mit Erfindungen, Einfällen, Tragik und *Komik* (!) nebeneinander, mit ungeheurer (Kriminal=) Spannung und dabei *gedichtet*. Paris macht sich geltend. Dresden liegt hinter mir. Die Ehe war das letzte deutsche Stadium.
Seid alle umarmt!

Euer Treuer
Walter

29. An Paul Hasenclever

[Bretagne] 16-VII-26

Teurer und geliebter Bonze!
Ich bin am Meer (in der Bretagne) zur Selbstbesinnung. Meine Adresse schreibe ich Dir nicht, denn ich muß Dir meine Bewunderung ausdrücken, und die sollst Du nicht beantworten.

Nämlich: ich nehme an, Du hast gekündigt und bist nun zum 1. Okt. frei.

Du hast in *bewundernswürdiger* Weise seit vielen Jahren die Berufsknechtschaft auf Dich genommen, ohne große Worte, mit einer Selbstverständlichkeit und Charakterstärke, um die ich Dich *beneide*! Wie überhaupt: Deine Art zu leben, Deine Familie, Dein unpathetischer Kunstwille, Deine klare Willensrichtung sind etwas Außerordentliches! Du hast wirkliches Glück dabei (ich fasse Holz an) durch Mimi's brave Hilfe. Ich wollte, ich wäre menschlich so weit wie Du! Und hätte Deine geistigen Energien!

Ich bin überzeugt, Du wirst zu einem starken Schaffen kommen, das die Zeit überflügelt, weil Du die Zeit überwunden hast. Du brauchst Dich nicht mehr vor dem Rummel zu fürchten!

Ja, alter Bonze, nun sind es genau sieben Jahre her, daß Du Dich den Philosophen der Bonner Akademie entrissest und mit mir gen Westerland zogest, allwo Mimi als reizendes Mädchen mit Rotkäppchenhut am Strand auftauchte. Und nun wandelt bald die großartige Ellen auf unseren Spuren am Meer dahin –

Bonze: Du hast Dich in diesen sieben Jahren wacker gehalten! Von Westerland bis Berlin war ein weiter Weg. Du hast es mit Ehren geschafft und darfst mit Ruhe heim kehren.

Nicht jeder kann das von sich sagen!

Denke nicht, mich hat der Demutsbazillus befallen, weil ich Dir diesen Brief schreibe. Der Teufel soll es holen, wenn man nicht mal einem Menschen sagen darf: das imponiert mir

Dein alter Bonze Walter

30. An Paul Hasenclever

Clamart (Seine) den 18. Januar 27
233 Avenue Victor Hugo

Teurer Bonze!
Herzlichen Dank für Deinen ausführlichen Brief.

Zunächst ein paar Worte über die Frankfurter Aufführung: Ein völlig verrückter und grössenwahnsinniger Regisseur, der einst von mir geliebte und verehrte Richard Weichert, hat trotz meines Protestes, den er nicht hören wollte, aus diesem leichten Komödienspiel durch sinnlose Regieeinfälle, willkürlich ausgedehnte Pausen zwischen den Szenen, durch Verwandlung bei offenem Vorhang, Musik, Filmüberschriften und Lautsprecher eine revuehafte Wirkung gemacht, die das Stück in Grund und Boden hinein schädigte. Ausserdem eine falsche Besetzung mit ganz mittelmäßigen Schauspielern, die durch den nicht klappenden technischen Apparat der Premiere völlig aus dem Häuschen geraten waren. Eine mir prinzipiell feindliche Kritik in Frankfurt buchte diese Schwächen zu Lasten meines Stückes, fand die Szenenfolge unorganisch, das Ganze possenhaft und wollte mir im Übrigen keineswegs verzeihen, dass ich nach dem »Sohn« einmal mit einem leichten Lustspiel Erfolg haben sollte. Völlig verstört und verbittert bin ich zurückgekehrt und weiss noch nicht, ob ich der Berlin-Aufführung, die Jessner unter seiner Regie für Mitte des nächsten Monats festgesetzt hat, beiwohnen will. Jessner, der neben mir in der Loge in Frankfurt sass, sah sofort, was Herr Weichert angerichtet hatte und wird von dieser Aufführung einiges gelernt haben. Ich kann Dir nur sagen, die Frankfurter Tage, an denen ich die Katastrophe hilflos hereinbrechen sah, waren die Hölle. Wenn nicht endlich dafür gesorgt wird, dass die Regisseure in Deutschland wieder das Werk des Schriftstellers achten, dann ist kein Mensch mehr sicher, dass im Handumdrehen aus einer Tragödie eine Revue wird, wobei dann die Presse dem Regisseur bauchwedelnd testiert, wie sehr er einem schwachen Werk durch seine geniale Interpretation zum Leben verholfen habe. Trotz dieser Gewalttätigkeit und der hundsgemeinen Presse war es ein starker Publikumserfolg, der sich auch bei der fast ausverkauften Wiederholung demonstrativ geltend machte: auch hier gab es, wie bei der Premiere, Applaus bei offener Szene.

Wie es mit meinen Prosaversuchen wird, das steht noch in weiter Ferne. Augenblicklich muss ich mich erst einmal von der Enttäuschung des ganzen Theaterbetriebes erholen, der einem in Deutschland nicht nur in Berlin, sondern auch in der ganzen Provinz serviert wird.

Ich freue mich, alter Bonze, dass Du an der Nordsee Dich wohl fühlst und es so getroffen hast, wie Du wolltest. Ich werde bestimmt einmal gen St. Peter ziehen – aber wann das sein wird, wissen die Götter. Ich hoffe, dass auch Du Deinerseits die Pariser Reise in die kommenden Jahre einbeziehst; jedenfalls wisse, dass Du jederzeit mit oder ohne Familie nach Clamart aufbrechen kannst: wir werden uns freuen, jeden, der da kommt, zu beherbergen! An sich ist es hier ja auch finanziell mit einer Uebernachtung in Aachen oder Köln erschwinglich, da die Züge Rheinland–Paris alle dritter Klasse haben, (was nur nachts nicht zu empfehlen ist). Nun grüsse mir die gute Mimi und das brave Kind und gedenke, wenn Du wieder mal auf die Nordsee blickst, deines

alten Bonzen
Walter

31. An Walter Hasenclever

St. Peter-Dorf 21. Jan. 1928

Lieber Walter,
das reaktionäre Schulkompromiß vom 12. ds. hat uns veranlaßt, soeben beim Amtsgericht zu Garding (Schleswig) den Austritt Deines Patenkindes Ellen aus der evangelischen Kirche zu erklären, da unser damaliges Entgegenkommen, durch das die Taufe leider zustandekam, jetzt ein für allemal hinfällig geworden ist; diese Mitteilung erfolgt gleichlautend auch an die beiden Eltern.

Mit bestem Gruß
Paul

Notabene: Dieses Recht darf nicht dem Ortsgeistlichen »als solchem« übertragen werden (!!!).

P.S.: Lieber Bonze! Wie geht es Dir denn »einheitlich«? Danach, ob Du meinen Brief mit den Bildchen erhalten hast, frage ich nur für den Fall, daß er vielleicht verloren gegangen sein könnte (nicht, um »durch die Blume« eine Antwort zu erschleichen). Solltest Du (oder Marita) mir aber mal schreiben, so vergiß nicht, mir doch endlich den Titel Deiner neuen Komödie mitzuteilen.

Allerseits herzlichst
Dein alter Bruder

32. An Paul Hasenclever

Sanatorium am Königspark,
Dresden-Loschwitz, 30.I.28

Braver und geliebter Bonze!
Ich bestätige mit Freude die Nachricht von Ellens Kirchenaustritt und die erhaltenen Photos. Ich selbst bin hier

zur Kur, habe noch mancherlei Schmerzen, kann aber schon ohne Stock gehen und sogar tanzen. Immerhin biegt sich das Bein erst 90% und muß noch weiter gebogen werden, was gräulich weh tut. Daß Marita in der Charité liegt und dort am Arm operiert wurde (die Geschwulst wurde entfernt) werdet Ihr wohl von ihr wissen. Ihre Adresse: Charité, Chirurgie, Privatstation VI Zimmer 433, Berlin. Das neue Stück (eine Nachtvorstellung) heißt »Kulissen«, ist aber verschoben auf nächste Saison und steht noch nicht ganz im [...] fest. Fürs Erste von Herzen Grüße und Küsse an die Familie!

Dein Bonze
Walter

33. An Paul Hasenclever

[Marokko] [Oktober 1932]

Alter Bonze!
Innigen Dank für Deinen Brief, den die brave Marita hierher nachsandte, Ich fahre in Wolffs Auto durch 1001 Nacht. Am merkwürdigsten sind die Juden – wie im Alten Testament. Noch reines Ghetto. Eine großartige Welt. Ich habe in der Synagoge für Deutschland gebetet und umarme Euch alle von Herzen Euer treuer

Walter

34. An Paul Hasenclever

26 Bd. Victor Hugo, Parkhouse, Nice [27.4.1933]

Mein lieber Paul,
ich höre von Marita mit tiefer Rührung, daß Du für mich Papiere verkaufen willst, die schlecht stehen. Bitte, tue es

nicht. Ich bin vorläufig noch nicht in Not; wenn Du mir durchaus zurückzahlen willst, dann warte, bis wir mal etwas erben. Ich habe in der letzten Zeit oft an Euch gedacht. Ich hoffe, es geht Euch gut in dieser schwierigen Wirtschaftslage, die wir alle durchmachen. Ich umarme Euch drei von ganzen Herzen!

Euer alter, treuer Walter

35. An Walter Hasenclever

Westerland (Sylt), den 6. Mai 1933
Munkmarscher Chaussee 13

Lieber Walter!
Du weißt garnicht, welche Freude Du mir mit Deiner Karte gemacht hast. Weniger deswegen, weil ich Dir nun doch nicht zu helfen brauche (und das wäre mir auch dann eine Ehrenpflicht gewesen, wenn Du *kein* Guthaben bei mir gehabt hättest), sondern darum, weil Du glücklicherweise *nicht* in Not bist. Wenigstens vorläufig. Der Gedanke war mir fürchterlich, daß Du irgendwo in der Welt stecken und Dich über kurz oder lang auf dem Trocknen sehen würdest, verraten und verkauft (vor allem vom Propyläen-Verlag und Konsorten), und nun auch wieder im Hinblick auf *mich* von Bitterkeit erfüllt werden könntest. Ja, da rede ich hier dicke Töne, und dabei benutze ich ein so schofles Manuskriptpapier zu diesem Briefe; aber ich tue das, damit der Brief, mitsamt der beiliegenden Vortragsfolge, kein Uebergewicht bekommt und die Post nicht unnötig daran verdienen läßt.

A propos Bitterkeit: jetzt bloß keine Bitterkeit! Wenn Du damals den »18. Brumaire des Louis Bonaparte«

wirklich gelesen hast und vielleicht jetzt noch einmal durchliest, dann weißt Du, daß jeder Volkskörper auf einer bestimmten Entwicklungsstufe einen solchen Anschauungs-Unterricht, wie wir unseren jetzigen, einmal durchmachen muß. Die Franzosen sind die letzten, die uns deswegen einen Vorwurf machen dürfen; denn sie haben sich vor 80 Jahren, als ihr Volkskörper sich ungefähr auf der gleichen Entwicklungsstufe befand, wie jetzt der unsrige, in ihrem Louis Bonaparte und seiner »Société du 10. Décembre« etwas sehr Aehnliches geleistet, und dabei standen sie noch nicht mal unter einem so verwirrenden Druck, wie wir seit 1919. An die 20 Jahre lang haben sie dann durch wiederholte Plebiszite ihren Segen dazu gegeben, und damit nicht genug, hätten sie sich sogar noch nach dem Debacle zur Abwechslung unter *Boulanger* gebeugt, wenn dieser es nicht in der entscheidenden Nacht vorgezogen hätte, ein bißchen zu flirten. Aber auch da, wo sich jetzt bei uns ganz besonders erbärmliche Begleiterscheinungen bemerkbar machen, muß man eben unsere komplizierte Gesamtgeschichte berücksichtigen. Auf einem Inselkomplex oder mit nur einer einzigen offenen Grenzfront Geschichte zu machen, das ist kein Kunststück; aber *das* Volk möchte ich sehen, daß sich in unserer geopolitischen Lage sehr viel besser zurechtgefunden hätte oder zurechtfinden würde. Damit will ich natürlich nicht alles und jedes entschuldigen; aber ich kann doch z. B. von meinem Kind nicht im 10. Lebensjahr etwas verlangen, was es nun einmal erst im 15. Lebensjahr leisten kann, und selbst da, wo ich an ihm gewisse Unarten bemerke, an denen ich doch erbmäßig nicht einmal ganz »unschuldig« bin, werde ich durch ungeduldiges Mokieren am allerwenigsten etwas ändern können, sondern mir sagen: »Es ist doch nun einmal mein Kind, und ich werde deshalb umso gütiger zu ihm sein.« Bedenke ferner: Was war denn »schon« in letzter Zeit groß da, was kaputtzumachen gewesen wäre?! Sage selbst: das bißchen Eklektizismus, das bißchen Allerweltsgefühle, was war das »schon«?! Man hat ja die paar Leute, die anstelle der »Konversation« ein exaktes und deshalb noch lange nicht schwerfälliges Gespräch zu setzen versuchten, gerade »in unseren Kreisen« immer gewissenloser als »unbequem« und »unliebenswürdig« (haha!) beiseitegeschoben, und da wundern sich nun dieselben Kolportage-Typen, welche die geistigen Vorkämpfer des einstmals revolutionären Bürgertums (wie z. B. Lessing oder Kant) in kaltschnäuziger »Ueberlegenheit«, die in Wirklichkeit schlechtes Gewissen war, gesinnungslos in den Rauchfang hängten, daß das in der *heutigen* »Société du 10. Décembre« mobilisierte Lumpenproletariat doch nur *das* in der rauhen Wirklichkeit nachmacht, was sie ihm ihrerseits in soviel verantwortungsvollerer Situation schon lange *vorgemacht* haben! Man hat eben den Kopf solange in den Sand gesteckt, bis der dementsprechend gen Himmel gestreckte Körperteil allmählich zum wahren Gesicht wurde, und da ist es schließlich Jacke wie Hose, wohin die geschichtlichen Ohrfeigen nun treffen – jedenfalls auf eine Oberfläche, die eben für ihre *Oberflächlichkeit* büßen wird. Die Zeche aber wird zunächst vom klassenbewußten Proletariat zu Lasten seines Existenzminimums und Einflusses bezahlt werden; aber dieses klassenbewußte Proletariat, um eine Gedichtzeile von Heine zu zitieren, »hat ewigen Bestand« und ist selbst in seinen Unterlassungssünden noch liebenswerter und begreiflicher als diejenigen, die sich darauf verließen, daß es ausgerechnet für ihr Plusquamperfectum auf die Barrikaden gehen würde, im übrigen aber ihre billigen Witze über es rissen und, selber im Glaskasten sitzend, geringschätzige Steinchen auf es warfen. Leute, die selber nur hier und da herumnippten und sich dann solche Komplikationen vice versa durchgehen ließen und jeden, der ihnen dies Geschäft zu stören drohte, geflissentlich mit dem Oberlehrertyp in einen Topf warfen, um ihn sich und den Seinigen besser vom Leibe halten zu können, haben das Recht verwirkt, vom klassenbewußten Proletariat zu »verlangen«, daß es sich im Dunstkreis dieses niedrigen Niveaus im Handumdrehen zurechtfindet. Keine Angst: es wird sich schon noch zurechtfinden, und wo es das nicht von selber tut, wird es eben von besagtem Plusquamperfectum mit der Nase darauf gestoßen werden. Nur wird es sein Tempo nicht danach einrichten, ob ausgerechnet unsereiner das noch erleben soll oder nicht. Die Weltgeschichte rechnet nach Jahrzehnten und bewegt sich in Spiralen, d. h. auch dann letzten Endes aufwärts, wenn es mal rückwärts geht. Eine solche Spiralwindung ist dann auch elastischer, als wenn die Entwicklung linienmäßig verliefe. Du verstehst, wie ich das meine. Die Reaktion nimmt uns jetzt u. a. auch viel unpopuläre Arbeit ab, so z. B. die Nachholung der deutschen Einheit. Damit brauchen wir uns dann nachher nicht mehr herumzuschlagen. Laß sie man! Die nächsten vier Jahre werden im üblichen wirtschaftlichen Kreislauf tatsächlich sowas wie eine relative Konjunktur bringen, und es wird bis dahin so scheinen, als ob das wirklich »gemacht« sei. Aber dann, mein Lieber! Dann kommt ebenso tatsächlich das fällige Depressiönchen, und *was* für ein Depressiönchen! Wenn dann nicht nach bonapartistischem Muster ein kleiner Ablenkungskrieg versucht wird – auch Napoleon III. verkündete zunächst »L'empire c'est la paix« und stürzte sich nach der Handelskrise in das oberitalienische Abenteuer, wo er sich allerdings im Einklang mit der Geschichte befand, und dann nach der Handelskrise von 1868 in das deutsche Abenteuer, wo er nun der Geschichte entgegenarbeiten wollte und dabei endgültig hops ging – also: wenn dann nicht im Verlauf der zweiten vier Jahre ein solcher kleiner Ablenkungskrieg versucht bzw. verhindert wird, dann dürfte unser Volk ein für allemal gründlich vom Messiasglauben geheilt sein, und dann wird es bloß darauf ankommen, in aller Ruhe den wirtschaftlichen *Null*punkt abzuwarten. Bis *dahin* wird es also darauf ankommen, den nachgemachten Bonaparte zu zwingen, nicht: zu gehen, sondern: zu *bleiben*. Diese zweiten vier Jahre werden uns in ihrer Tragikomik, in ihren Eiertänzen und fahrigen Konzessionen für alles entschädigen, was wir in den ersten vier Jahren erlitten haben werden. Ja, das homerische Gelächter entzündet sich schon jetzt gelegentlich wie z. B. an dem Kanossagang gegenüber Polen etc. pp.! Der alte, oder vielmehr ewig-junge Karl Marx hat schon Ende 1848 in der Neuen Rheinischen Zeitung geschrieben: »An den ökonomischen Pointen zerbrechen die Spitzen der Bajonette wie mürber Zunder«, und kurz davor steht der prachtvolle Satz: »Gesetzt, die Konterrevolution lebte in ganz Europa durch die Waffen, sie würde in ganz Europa sterben durch das Geld« – ein Satz, der heute für uns folgendermaßen abzuwandeln ist: »Gesetzt, die Konterrevolution lebte in ganz Europa durch das Geld, sie würde in ganz Europa sterben durch den Kaufkraft-Mangel.«

Daß ich nun auch in aller Oeffentlichkeit, und dazu noch in einer Kleinstadt, für meine Ueberzeugung einstehe, das beweist Dir die beiliegende Vortragsfolge. Wenn so eine Feier wohlgemerkt zwar nicht am 1. Mai, sondern am 30. April bereits beginnt, dafür aber am 1. Mai frühmorgens so recht in Schwung ist, sodaß WIR also an diesem (eigentlich *UNSEREM* Feiertage sozusagen ein bißchen früher aufgestanden waren als die Anderen, und wenn ich für diese Feier, allen Widerständen zum Trotz, solche Lieder wie z. B. 4.b) und 6.b) angesetzt habe, deren Wortlaut schon vorher allbekannt bzw. verbreitet war, und wenn diese Feier dann auch planmäßig stattgefunden hat, wobei die vielen Zuhörer auch beim Mozart-Trio aufs andächtigste lauschten, und wenn nach dem Kanon und nach UNSEREM Lied nicht nur geklatscht, sondern auch in ganz besonderem Sinne Bravo gerufen, ja sogar von letzterem Lied eine Wiederholung erzwungen wurde, so ersiehst Du daraus, daß nur *der* »gleichgeschaltet« wird, der sich gleichschalten *läßt.* Am 8. März (!) flog, als ich gerade mit dem Chor am Ueben war, ein Stein durchs Fenster. Ich verhinderte eine Panik, indem ich sogleich weiterdirigierte. Die Folge davon war 1), daß sich auch der Chor nicht mehr darum kümmerte, sondern die Probe durchhielt und auch weiterhin vollzählig erschein, und 2), daß dieser Steinwurf überall verurteilt wurde und nicht wieder vorgekommen ist. Bloß nicht ins Bockshorn jagen lassen! Ende März sollte in Wennigstedt ein Insel-Sängertreffen stattfinden. Ich machte unsere Teilnahme davon abhängig, daß eine gewisse Fahne nicht im Saal hängen dürfe. Da das nicht fest zugesichert werden konnte, sagten wir: »Dann machen wir nicht mit.« Punktum! Dann wurde von allen möglichen Büxenschietern angeregt, wir sollten doch unseren Namen »*Gewerkschafts*chor« um Gottes Willen abändern. Ich sagte: »Nun gerade nicht!«, und Du siehst, daß wir letzt in aller Ruhe unter diesem Namen *aufgetreten* sind. Man weiß eben hier, was ein Dickkopf ist oder nicht, und daß wir uns eher noch *verbieten* anstatt »gleichschalten« oder auch nur verfälschen lassen würden. Ich hatte auch vor der Feier verkündet, daß wir, wenn der Versuch gemacht werden würde, den Saal noch schnell vorher mit gewissen Emblemen zu behängen, dann einfach nicht singen und spielen würden, und so ist denn auch nichts dergleichen geschehen. Noch etwas: am 5. April morgens sagte man mir, ich solle mich verdrükken, weil ich verhaftet werden solle. Was tat ich? Ich ging sofort, nun gerade!, über die Westerländer Boulevards. Am Abend dieses Tages war nämlich Probe, und es stand zu befürchten, daß die Choristen dann – eingeschüchtert – nicht kommen würden, zumal sowieso das Gerücht ausgestreut war, wir würden dann ausgehoben werden; außerdem waren tatsächlich in diesen Tagen eine Reihe Leute unter nicht gerade sehr schönen Begleitumständen verhaftet worden, sodaß eine wahre Panikstimmung herrschte. Na, ich wurde nun *doch* nicht verhaftet, und *sollte* es wohl auch garnicht; aber daß ich trotzdem, mit diesem Damoklesschwert über mir, mitten durch die Stadt gegangen war, das imponierte den Anderen und stärkte den Unsrigen das Rückgrat. Dabei muß ich allerdings sagen, daß der Nord-Schleswigholsteiner überhaupt ein feiner Kerl ist, ganz gleichgültig, in welchem Lager er steht. Er ist selber kühn und achtet die Kühnheit auch beim Gegner. Beweist man also Kühnheit, und mißbraucht man die daraus resultierende Achtung nicht, so ist man seines Lebens hier völlig sicher, besonders wenn man auf eben dieses Leben ohnehin nicht viel gibt. Wer aber feige (oder, was im Grunde dasselbe ist, gemeinfrech) und gesinnungslos ist, ja wer sich sogar, obwohl garnicht mal aufgefordert geschweige denn gezwungen, zur Gleichschaltung geradezu anbietet, der hat es sich selber zuzuschreiben, wenn sich die dementsprechende Verachtung auch hier vielleicht mal physisch kundgeben mag. Ich kann Dir nur sagen: dem Gewerkschafts-*Chor* wenigstens ist man hier drei Schritte vom Leibe geblieben. Obwohl *oder vielmehr gerade weil* wir sowohl an unseren Uebungsabenden als auch am 30. April alles andere als Leisetreter gewesen sind, und auch die Sänge*rinnen* sind mit einer geradezu erhebenden Ueberzeugungstreue bis zuletzt zu den Proben gekommen. (»Zuletzt« – das heißt, damit Du das nicht mißverstehst, bis zum 3. Mai, unserem letzten Uebungsabend vor der nunmehr einsetzenden Saisonperiode, während der mit dem Ueben leider aufgehört werden muß, um dann im Herbst wieder mit vollen Kräften zu beginnen.) Und woran liegt das, wie gesagt, letzten Endes? Die »Anderen« sind eben, weil Nord-Schleswigholsteiner, im Grunde durchaus keine schlechten Kerle, sondern nur noch in den politischen Kinderschuhen. Und die Unsrigen? Ja – die sind eben *außerdem* auch noch *klassenbewußte Proletarier*! Du müßtest sie nur mal sehen, diese großartigen Menschen! Die geben einem den Glauben wieder, wenn anders er einem überhaupt abhandengekommen sein sollte. Der Chor war ja vor mir ein »reiner« Männerchor, und ich habe ihn dann sofort – das war meine Bedingung – zu einem gemischten Chor gemacht, wie sich das gehört (und erst recht für einen *Gewerkschafts*chor). Die Folge davon war, daß die typischen Vereinsklüngler ganz von selber ausschieden, weil nun endlich die Singübung und das Klassenbewußtsein maßgebend wurden, und bei Zeus! man hat ihnen keine Träne nachgeweint. Anstatt dieser alten Köppe, die doch nur zoten, Karten kloppen, Strohwitwer sein und ihre gegenseitige Kundschaft stabilisieren wollten, sind wir nun alle durch die Bank junge bzw. jugendliche Leute, die füreinander durchs Feuer gehen und wissen, daß unsere Uebungsabende ein gut Stück Klassenkampf an der *Kultur*front sind. Und wie *sind* sie mir gefolgt, denn sie mußten aus der Partitur singen lernen, das Notenbild verfolgen und sogar mit Taktzählen singen; alle Stimmgattungen mußten gleichzeitig beisammensein, auch wenn ich sie nacheinander drannahm, aber zwischendurch kamen immer wieder gemeinsame Intervallübungen und allerhand Theoretisches – in der Stadt lachten sie zunächst über uns als eine »Singakademie«, bis ihnen dann bei unserem ersten Auftreten am Petritag (22. Febr. 1933) das Lachen verging – und dann gab es auch Vorübungen in puncto Rubato und Dynamik, und das Ergebnis war ein Chor, der mit Lust und Liebe sang, weil er mit *Sicherheit* singen konnte. Dazu kam, daß die gewählten Lieder seinem Klassenbewußtsein entsprachen und zugleich – doch das *entspricht* einander ja – bestes musikalisches Erbgut waren. So konnte ich auf dem Podium machen, was mir der Augenblick eingab; des Chors war ich ja absolut sicher. Und wie die eingerosteten Kehlen allmählich *geschmeidig* wurden und Oktavsprünge sangen, als ob es sich um Halbtöne handelte, und zwar ohne jegliches »Portamento«! wirklich: von einem solchen Uebungsabend kann man wohl sagen: »dann leuchtet ein Licht« durch die ganze Arbeitswoche hindurch; besonders auch für die mitsingenden Frauen, die bisher hinterm Herd und Strickstrumpf hatten sitzen müssen. Während sie bisher den Singabenden ihrer Herren Männer begreiflicherweise mit Mißtrauen oder sogar Gehässigkeit gegenübergestanden hatten, helfen sie nun selber mit, ihre Klasse künstlerisch zu repräsentieren, und nehmen dabei auch an den politischen Gesprächen teil, die sich an solch einem Uebungsabend ganz von selber ergeben und gerade durch die Anwesenheit von Frauen nicht in Kannegießerei ausarten. Nachher haben die mitwirkenden Familienangehörigen dann einen Gesprächsstoff, der sie über die Haushaltsmisere erhebt, der ihnen über gelegentliche Kabbeleien hinweghilft. Friedrich Engels hat in seinem »Ursprung der Familie, des Privateigentums und des Staates« den Satz geprägt: »In der Ehe ist der Mann die Bourgeoisie, und die Frau das Proletariat« (oder so ähnlich; ich habe das Buch zurzeit ausgeliehen), aber wenn das schon für die proletarische Ehe nicht mehr durchgängig gilt, so erst recht nicht für die Ehen von solchen Chormitgliedern. Na, nun genug davon!

Ja, lieber Walterbruder, da mache ich nun solch ein Wesen von dem ollen Chor, als ob mich das etwa ganz ausfülle und wer weiß was für eine Wichtigkeit sei. Das mußt Du nun nicht gleich annehmen. Aber nachdem ich zunächst soviel theoretisiert hatte, wollte ich Dir doch auch zeigen, daß die Umsetzung ins Praktische, soweit möglich, nicht dahinter zurückbleibt. Und auch das ist nur ein kleiner Ausschnitt; aber schon *der* würde genügen, um einen nicht in Hoffnungslosigkeit versinken zu lassen. Und gerade im Anschluß an diesen Gedankengang will ich Dir noch eine schöne Stelle aus dem Brief abtippen, den Rosa Luxemburg am 26. Januar 1917 aus der Festung Wronke an Luise Kautsky schrieb: »Aber wenn die gesamte Welt aus den Fugen geht, da suche ich nur zu begreifen, was und weshalb es passiert ist, und hab ich meine Pflicht getan, dann bin ich weiter ruhig und guter Dinge.« Ultra posse nemo obligatur. Und dann bleibt mir noch Alles, was mich sonst erfreute: Musik und Malerei und Wolken und das Botanisieren im Frühling und gute Bücher und Mimi und Du und noch manches – kurz, ich bin steinreich und gedenke es bis zum Schluß zu bleiben. Dieses völlige Aufgehen im Jammer des Tages ist mir überhaupt unbegreiflich und unerträglich. Schau z. B. wie ein Goethe mit kühler Gelassenheit über den Dingen stand. Denk doch, was er erleben mußte: die große französische Revolution, die doch, aus der Nähe gesehen, sicher wie eine blutige und völlig zwecklose Farce sich ausnahm, und dann von 1793 bis 1815 eine ununterbrochene Kette von Kriegen, wo die Welt, wiederum wie ein losgelassenes Irrenhaus aussah. Und wie ruhig, mit welchem geistigen Gleichgewicht trieb er gleichzeitig seine Studien über die Metamorphose der Pflanzen, über die Farbenlehre, über tausend Dinge. Ich verlange nicht, daß Du wie Goethe dichtest, aber seine Lebensauffassung – den Universalismus der Interessen, die innere Harmonie – kann sich jeder anschaffen, oder wenigstens anstreben. Und wenn Du etwa sagst: Goethe war eben kein politischer Kämpfer, so meine ich: ein Kämpfer muß erst recht über den Dingen zu stehen suchen, sonst versinkt er mit der Nase in jeden Quark – freilich denke ich an einen Kämpfer größeren Stils, nicht an ein Wetterfähnchen vom Kaliber der »großen Männer« von Eurer Tafelrunde, die mir neulich einen Kartengruß hierher geschickt hat. (Mimi – so hieß übrigens ihr Kätzchen ... Das ist also kein Tippfehler »meinerseits« ...) Etwas wunderschönes ist übrigens im Phaidon-Verlag, Wien, erschienen: zwei Bände Mommsen zu je RM 4.80! Der erste Band, die »Römische Geschichte« enthält sage und schreibe 984 Seiten mit tausenden von Abbildungen; den zweiten, »Das Weltreich der Cäsaren«, habe ich mir vorgestern bestellt, sodaß ich Dir nur sagen kann, daß er mindestens 800 Seiten mit ebenfalls tausenden von Abbildungen enthalten soll – also geradezu geschenkt für je RM 4.80! Hättest Du nicht Lust, Dir sowas zu kaufen und durchzuackern? Das ist besser als Epigonenkolportage! Doch ich will nicht wieder in meinen alten Fehler Dir gegenüber verfallen und spare mir daher alle weiteren unerbetenen Ratschläge, obwohl ich deren noch eine ganze Menge auf Lager habe.

Ich will Dir nur noch, damit doch auch das Persönliche zu seinem Recht komme, von Ellen erzählen, daß sie nunmehr zur hiesigen Mittelschule geht und dort Französisch lernen wird. Die Hauptsache ist für sie einstweilen noch die bunte Schülermütze, die sie daraufhin tragen darf; aber nachdem ich ihr bisher immer wieder Verlaine-Verse vorlesen mußte, freut sie sich auf nichts so sehr, als daß sie das nun auch bald können wird. A propos Französisch: wenn mal ganz gelegentlich ein paar gelesene und ganz bestimmt nicht mehr benötigte französische Zeitungen und Zeitschriften, soweit nicht für uns verboten (das »Oevre« ist, glaub ich, *nicht* verboten) bei Dir herumliegen und dann jemand Nettes in der Nähe ist, der sie mit einem Streifband und Bindfaden (im letzteren Fall aber nur kreuzweise) umhüllen tuen täte, so würdest Du ein gutes Werk tun, wenn Du dieses an mich adressieren, frankieren und in den nächsten boîts aux lettres schleudern möchtes.

Inzwischen sei umarmt von Ellen, der großartigen Mimi und insbesondere

von Deinem frère cadet

Schreib doch bitte ein paar Zeilen, wenn Du diesen Brief erhalten hast!

36. An Paul Hasenclever

26 Bd. Victor Hugo 11-V-33
Parkhouse
Nice

Mein lieber Paul,
ich danke Dir für Deinen großartigen Brief, der mich zu Tränen gerührt hat. Wenn mich eine trübe Stunde ergreift, lese ich ihn immer wieder. Er hat eine geistige und menschliche Höhe, die ich Dir nicht nachmachen kann.

Jedes Wort, rückwärts und vorwärts schauend, ist *wahr*. Zum ersten Mal sieht ein Mensch die Gegenwart richtig, nämlich in der historischen Perspektive. Dein Brief ist das tiefste und würdigste Dokument, das ich in meinem Leben erhalten habe.

Ich habe im Ausland kein Recht, eine Meinung zu äußern. Dieser Mut wäre zu billig. Wenn ich in Deutschland wäre, würde ich zu Dir nach Westerland fahren, um mit Dir zu reden. Du hast völlig recht: was seit 1918 entstanden ist, war wert, daß es zu Grunde ging. Du erinnerst Dich, daß ich im Sommer 1919 gegen diese Schieberrepublik »Die Entscheidung« schrieb, das dann ja auch bei der Zunft in Berlin prompt durchgefallen ist. Nur leider werden die wirklich Schuldigen, wie in jeder Revolution, nicht ergriffen und die Unschuldigen müssen die Zeche bezahlen. Sei es wie es sei – ich sehe meine Aufgabe darin, zur Selbstbestimmung zurückzukehren, die ich in der Berliner Literatur- und Theaterbörse verloren habe. Und da kommt mir wie ein Wink des Himmels Deine Mommsenanregung – ich werde mir die Bücher kommen lassen und sie im Sommer durcharbeiten. Ich hatte schon immer die Absicht, griechische und römische Geschichte wieder einmal vorzunehmen. Vielleicht ist es ganz gut, daß die aktuelle Bühne mir jetzt verschlossen ist; umso notwendiger wird die Rückkehr zur Dichtung. Im übrigen werden die Konjunkturschreiber von heute denen von vorgestern an Talentlosigkeit nicht nachstehen. Alles braucht seine Zeit.

Ich hänge, im Gegensatz zu Dir, leider noch am Leben und bin deshalb oft von Unruhe geplagt. Ich bewundere Deine Überzeugungskraft, die einer unverrückbaren Weltanschauung entspringt. Als Musiker lebst Du in den festen Formen einer organischen Gesetzmäßigkeit. Ich bin unsicherer und labiler und gehe als Dramatiker mit meinen Figuren schwimmen. Daher auch mein unstetes Dasein, das sich immer an der Grenze eines persönlichen Erlebnisses bewegt und leider zu oft versinkt.

Ich hoffe, lieber Paul, wir sehen uns wieder. 14 Jahre sind seit unserer Westerländer Zeit vergangen. Steht der Sirius noch manchmal am Himmel? Wehen die alten Stürme noch? Umarme Mimi und Ellen von mir – das Beste, das diese 14 Jahre gebracht haben. Ich beneide Dich darum. Aber ich muß sagen: Selten hat ein Mensch durch Reinheit der Gesinung und Kompromißlosigkeit sich das so verdient, wie Du. Verrückt sind wir alle – aber bei Dir hat es doch wenigstens einen Sinn gehabt!

Ich grüße Dich vom Mittelmeer zum Ozean.

Dein alter Bruder

Walter

37. An Paul Hasenclever

St. Tropez (Var) 16-6-33
chez M. Wolff
Frankreich

Mein alter Paul!
Ich mache Dich darauf aufmerksam, daß Dein Brief vom 2. Juni am 13. Juni in Nizza abgestempelt und mir an meine obige veränderte Adresse nachgeschickt wurde.

Du weißt, ich habe es immer vermieden, mich mit Politik zu beschäftigen und möchte es heute weniger tun als je – und zwar, wie Toscanini so schön gesagt hat: um Deines wie um meines Friedens willen! Ich lebe hier völlig zurückgezogen in einem kleinen Fischerdorf und komme mit niemand zusammen. Mein ausschließliches Interesse gehört meinem neuen Drama – deshalb schickte ich Dir den Ausschnitt über Münchhausen (was für Mimi kein Geheimnis sein soll)!

Ich hörte mit Freude, daß Marita und Kühn Euch über Pfingsten besucht haben. Hoffentlich gefällt er Dir ebenso gut wie mir. Die brave Marita hat einen guten Zug getan und setzt auf einer vernünftigen Ebene die Tradition der Alten fort. Der »très honoré Monsieur le docteur« in Hochforst wird uns so leicht keinen Blinddarm mehr eindrücken. Dafür haben wir einen jüngeren Kollegen. Ich finde ihn einen famosen, hilfsbereiten und tüchtigen Kerl, der den Kopf und das Hörrohr auf dem rechten Fleck hat.

Alter Bonze, es tut mit leid, daß ich Ellen, das Kind, diesmal nicht sehe, wenn sie im Sommer Marita'n besucht. Sie zeichnet sich im Gegensatz zu ihrer verehrten Großmutter väterlicherseits, durch soviel Charme und Liebenswürdigkeit aus, daß sie bald wohl eine ernsthafte Gefahr für die Männer sein wird. »Im Krieg der Elefanten« dürfte ihr mancher leichte Sieg beschieden sein!

Und mit dieser meinerseitigen Prophezeihung für die nächsten Jahre nehme ich heute gerührten Abschied von Dir – gib Mimi'n und Ellen einen Kuß und sei sei aufs Herzlichste umarmt von Deinem alten Bruder

Walter

38. An Walter Hasenclever

[Westerland, Sylt] 18.6.33

Lieber Walterbruder!
Ich muss Dir doch noch mal eben schreiben (wirst gleich sehen, weshalb); aber ich hatte Dir in meinem letzten Brief, worin ich Dir die Zeitungsnotiz wieder zurück-

schickte, und den Du hoffentlich erhalten hast, ja lediglich mein Nicht-Antworten auf Deine eventuelle Bestätigungskarte zugesichert, und da dieselbe bis dato glücklicherweise noch nicht erfolgt ist, kann ich also vorher noch schnell was an den Mann bringen. Nämlich eine Ehrenrettung Hegemanns! Ich hatte meinen damaligen Verdacht ja schon durch die Vermutung gemildert, daß es sich dabei auch um eine Travestie handeln könne, und das hat sich jetzt *bestätigt* (vonwegen index liborum prohibicerum). – Ist der Mommsen nicht beglückend? Daran hat man ein ganzes Leben lang zu lesen, und zwar oft allein schon um der Darstellung und um des großartigen Kerles willen, der dahintersteckt. Das homerische Gelächter reißt übrigens nicht mehr ab (Du verstehst mir)...

Herzlichst! Dein

39. An Walter Hasenclever

[Westerland, Sylt] December 7th, 1933

The year,
o Walt,
reposes soon,
and Christmas-carols try to rise.
They sing: »Go on! Put out your swoon!
Don't turn to misanthropic ice!

That badness, seeming quite absurd,
will suffocate itself one day
and be a lever, stronger girt
than honesties that merely stay.« –

A Merry Christmas, then, old boy!
The times are merry now at all …
Remember us to Jew and Goi!

Yours truly!
Ellen,
Mimi,
Paul.

40. An Paul Hasenclever

Nice-Gairaut, 22-12-33
La Chiquita (A. M.)

Lieber Bonze, liebe Mimi und liebes Fräulein Ellen,
ich schreibe Euch schnell einen Weihnachtsgruß aus sentimentaler Ferne, des teuren Bonzen englisches Gedicht an mein Herz pressend! Zwar ist hier nicht gerade »misanthropic ice«, sondern eher merry sunshine, wenigstens von 11-1, aber mein Busen wäre lieber bei Euch im evangelischen Norden bei Muscheln, Marzipan und Meerschlangen. Indem ich mich an Euren Weihnachtsbaum hänge, bin ich

Euer alter, treuer
Walter

41. An Walter Hasenclever

[Westerland, Sylt] 14/12/34

Fratello mio!
Questa volta
già son' avid', espert', a freno,
partecipe, potente, pieno
dell' italiano. (Ment' è sciolta.)

Diamoti da pol' a polo
buon Natal' ed Anno. Ince=
spicare non! Chi dura, vince.
La merda creperà.

Paolo

42. An Paul Hasenclever

Villa Hélène 17/12/34
Hotel Montboron
Nice (A. M.)

Alter, treuer Bonze!
Heute kam Deine Weihnachtskarte, über die ich kolossal gelacht und mich gefreut habe. Obwohl ich im »Kriege der Elefanten« mit Grippe zu Bett liege, sende ich Euch meine herzlichsten und innigsten Wünsche mit besonderer Hoffnung auf die Erfüllung der letzten Zeile Deines prächtigen Gedichtes. Wenn das so weitergeht, kannst Du Dich bald als Dozent für Sprachen an der Universität Westerland habilitieren! Ich nehme an, Du hast inzwischen meine Karte bekommen, und warte Deine Antwort ab. Sollte die Sache Alte=Ellen klappen, so besteht die Aussicht, daß wir uns alle bei der braven Marita im Sommer treffen! Ich jedenfalls will 6 Monate im nächsten Jahr auf ihrer meerumschlungenen Insel weilen, wo ich mich der Fischfänger bemächtigen werde (pot*iri*!). Dort habe ich auch die Absicht, mit Dir mal wieder die unregelmäßigen Verben durchzunehmen, damit sich der très honoré monsieur le docteur im Paradiese freut. Kurz: es wird dort dieses Jahr lustig werden und Ellen bringt mir Seeschlangen mit. In diesem Sinne hänge ich mich an Euren Weihnachtsbaum

Euer treuer Walter

43. An Walter Hasenclever

[Westerland, Sylt] 20.12.1934

Lieber Walter!
Unsere Karten haben sich gekreuzt, und zum Unglück ist dieser Abzug auch erst heute fertig geworden. So dankenswert nun Dein Vorschlag bzgl. Ellens ist, so kann ich ihn doch nicht annehmen. Es war mir schon immer peinlich, daß Du nicht auch unterstützt wurdest; jetzt also erst recht. Uebrigens: se io. fossi in te, wäre ein ruhig anfragender Brief an Lauber, glaub' ich, doch besser. Du könntest ihm schreiben, daß Dich Deine Notlage dazu zwinge, daß Du aber Deinen Briefwechsel mit der Alten ungern damit belasten möchtest. Lauber wird es der Alten dann schonend beibringen, während sie sich bei unmittelbarer Anfrage sofort auf die Hinterbeine setzen würde. Da es nicht drängt, könntest Du ja noch bis etwa Anfang Februar damit warten, zumal sich bis dahin vielleicht eine Erleichterung der Uebertragungsmöglichkeit ergeben wird. Andrenfalls könnte der Monatsbetrag auch erst mal zur mehrfachen Beschaffung und Verschenkung der Bände aus Kröners Taschenausgabe verwendet werden. Na, das findet sich; inzwischen wünsche ich Dir nochmals frohe Festtage. »Möge« Dir während derselben mancher gewaltige bzw. »gigantische« phique beschieden sein und Dich zuweilen erinnern an your most merded brother.

Paul

(Mimi hat der Alten übrigens neulich u. a. geschrieben, daß wir uns Deinetwegen große Sorgen machen.)

44. An Walter Hasenclever

[Sipanska Luka] [24.12.1935]

Jeg faar at vide fra vor Søster, Du er i London til paa Jul. I Aar et Digt paa *dansk* du høster. – (Nu drejer sig det store Hjul! Nu viser sig Achilles-Haellen!) – Der hilser
Mimi *Paul*
og *Ellen*

45. An Walter Hasenclever

[Westerland, Sylt] 3.1.36

[Von anderer Hand]

Lieber Walter,
vielen, vielen Dank! Dein Geschenk kam am Sylvestertag an, und da haben wir gleich diese Karte machen lassen. Es hat in den letzten Tagen sehr viel geregnet; deshalb habe ich viel im Shakespeare gelesen. Am Sylvesterabend bin ich bis 12 Uhr wach gewesen und habe ordentlich Wein getrunken.

Viele Grüße
Deine Ellen

Lieber Walter!
Es wird Dir hiermit bei Strafe ewiger Verdammnis untersagt, der Ellen noch mal ein solches Geschenk zu machen, solange Du selber im Druck bist. Da ich bisher Deine Anschrift nicht kannte, hatte ich Dir eine Weihnachts-

bildkarte mit dämlichen Versen durch *Marita* weitersenden lassen. Hoffentlich hast Du das Ding inzwischen erhalten. Herzlichst!

Bruder Paul

Mimi läßt ebenfalls herzlichst grüßen. Auch von *uns* vielen Dank!

46. An Walter Hasenclever

[Westerland, Sylt] 9.2.36

Lieber Walter!
Ich beantworte Deinen Brief an meinen Sprößling erst jetzt, weil ich vorher den Burckhardt lesen wollte, den ich mir ebenso umgehend beschafft habe, wie Du Dir hoffentlich die vor 2 Jahren empfohlenen Krönerbände beschafft hast. Seine Ausfälle gegen Hegel, den er haarspalterisch, ja geradezu falsch zitiert, erklären sich aus seinem Schopenhauertum, das aber durch sein Schweizertum *veredelt* ist. Darüber müßten wir uns mal, wie über so vieles, lustwandelnd unterhalten; aber wo und wann? Dem alten Nietzsche sei übrigens, um der vielen jetzt zeitgemäßen Stellen in seinem »Ecce homo« (Reclam 7121/22) willen, manches Allzumenschliche verziehen. Meine Weihnachtskarte war *deshalb* auf dänisch abgefaßt, weil ich dies im vorigen Herbst geochst hatte, und bezog sich zuletzt auf meine Voraussage von nun bald vor 3 Jahren, die sich sogar insoweit verbessert hat, als mittlerweile ermittelt worden ist, daß der Weltwirtschaftsrhythmus Konjunktur / Depression seit dem Weltkrieg nicht mehr 4 und 4, sondern nur 3 und 3 Jahre umfaßt. So war der vorletzte Konjunkturhöhepunkt (»Hochkonjunktur«) 1929, der letzte Depressionstiefpunkt (»Kri-

se«) […] die letzte Hochkonjunktur bereits im vorigen Jahresherbst überschritten, was durch das abessinische Sonderkonjunktürchen etwas überdeckt wird, und die nächste, noch dazu reservenlose Krise ist dann also schon für Ende 1938 (nicht erst für 1941) zu erwarten, sodaß Anfang 1939 das, was ich Dir damals auf lange Sicht voraussagte, fällig ist. Das große X dabei ist allerdings der hoffentlich im Keim erstickbare Leitsatz: »Was dem einen Abessinien, das ist dem andern billig.« Jedenfalls hat aber die beginnende Weltdepression das Weltgewissen schon geweckt, und unsere Primadonna, die ja nun mal nicht in die Wochen kommen kann, ist dafür aus den Flegeljahren gleich in die Kellerwechseljahre gekommen. (Nu drejer sig det store Hjul!) Bitte bestätige den Empfang dieser Karte, worauf ich nur auf Deinen besonderen Wunsch antworten werde, und sei von uns allen herzlichst gegrüßt –

Dein alter Bruder

47. An Paul Hasenclever

Villa Moro, 19/10/36
Lastra a Signa (Firenze) Italien

Alter Bonze,
oben meine neue Adresse. Ich habe London, weil zu teuer, aufgegeben und werde mich hier niederlassen. – Unsere teure Mutter hat mir nun im Oktober die neue Rate bezahlt, die wir Marita verdanken. Da Du an der Sache am wenigsten profitierst, so möchte ich für die ausgefallenen 100 M. einspringen (50 zu Weihnachten und 50 zu Ellens Geburtstag) und bitte Dich herzlich um eine Zeile, wann Ellens Geburtstag ist – was ich schänd-

licher Weise, wie alle Daten, längst vergessen habe. Verfügt bitte über das Geld, wie es Euch am Richtigsten dünkt. Da mein Konto Aufhäuser in München von meinem Sonderkonto mit Genehmigung der Devisenstelle auch vorige Weihnachten an Ellen das Geschenk zahlte, so wird es wohl keine Schwierigkeiten geben.

Seid alle herzlichst gegrüßt von Eurem alten Walter

48. An Walter Hasenclever

[Westerland, Sylt] 23.10.36

Lieber Walterbruder!
Es wird dir hiermit bei strafe der ewigen verdammnis untersagt, deiner karte vom 19. ds. gemäß zu handeln; nicht ohne dir für deine nette absicht »als solche« herzlichst zu danken. Endlich nämlich bekommst du auch mal was von der alten, die wir schon in unserem vorletzten weihnachtsbrief mit der nase darauf stießen, und da sollst du auch was davon *haben*! Daß die erhöhung für mich verhältnismäßig gering ausfiel, ist nur gerecht, da ich in dieser beziehung früher verhältnismäßig besser gestellt war als Marita, von dir ganz zu schweigen. Wie kämst du also dazu, für die ausgefallenen 100 RM einzuspringen? Aber auch die alte will ich deshalb nicht anmeckern, 1) um nicht gleich zu verleiden, 2) um mir den weg zum haus- und gartenkauf durch die alte, woran mir mehr liegen muß als an einer weiteren erhöhung, nicht zu verbauen, nachdem ich deswegen schon zu beginn des jahres einen kleinen briefwechsel mit Hochforst begonnen habe, der natürlich nur behutsam zum erfolg geführt werden kann. Ueberhaupt kann man nur drehen, wenn

man gerichtlich nachstoßen kann, und dies hängt wiederum davon ab, wieweit *Recht* gesprochen und kein unterstandard zum vergleich herangezogen wird, von anderen heranziehungen ganz abgesehn. Seitdem die alte zunächst (ohne gehässigkeit übrigens) ablehnte, ist sie bis auf weiteres wieder in verschiß gesetzt; das hat schon einmal geholfen ... werden deine patengefühle nun vor weihnachten übermächtig, so gib ihnen ruhig nach, aber eben öfters mal unverhofft und *un*fixiert; auch über einen kartengruß wird sich Ellen immer freuen, gleichwie über deinen jetzigen und den vom 10.2.a.c.! Entschuldige den drängenden stil dieser karte und sei herzl. gegr.

von deinem P.

49. An Paul Hasenclever

[Lastra a Signa] 26.7.37

Goldpaul!
Die Nachricht von Mimis Gesundung ist das Erfreulichste Deiner sehr geehrten Karte vom 23. ds. Auch der Brief kam an, dessen glänzende Formulierung nebst vorzüglicher Prosa Deinen älteren Bruder alle Ehre gemacht hätte, als derselbe noch ein Schriftsteller war, des Grabens, Säens und Pflanzens unkundig, der Weinreben nicht teilhaftig, jedoch seines grundgütigen Vaters eingedenk ... Dass die Alte mittlerweile kapituliert hat, wirst Du, ebenso wie wir, mit Genugtuung erfahren haben. Die Plusquamperfecta scheint sich durch Laubers kategorischen Imperativ in ein Participium passivum verwandelt zu haben. Wer hätte gedacht, als der Grundgütige uns um unser Pflichtteil bringen wollte, dass Gottes Mühlen

langsam, aber sicher jedes Reisskorn zermahlen! Was die Alte betrifft, so war es sicher richtig, diesmal konzentrisch vorzugehen, nachdem Marita die erste, vielmehr schon die zweite Bresche geschlagen hatte. – Ich wünsche Mimi eine baldige, fröhliche Auferstehung, Ellen von der neuen Monatsrate eine dicke Tafel Schokolade und Dir, alter Bonze, eine prächtige Flasche Mosel, von der Du begierig und voll werdest.

In diesem Sinne Dein treuer Bruder Walter

50. *An Walter Hasenclever*

[Westerland, Sylt] 18.9.37

Lieber Walter!
Hier siehst Du Inken und Ellen, wie sie am 23. v. mts. ausgesehen haben. Bitte zeige oder sende dieses Bild auch Kühns und schreibe mir gelegentlich, ob Du meine Karte vom 14. v. mts. und die heutige erhalten hast, oder ob erstere unterwegs einen totalen Liebhaber gefunden hat. Sowas ist nämlich mit einer meiner Postkarten an Ellen geschehen und nur durch gegenseitige Datumskontrolle herausgekommen. Wie richtig (und letztenendes erfolgreich) war übrigens meine Abneigung gegen einen verfrühten Gesamtangriff auf die *Alte*, welche Lauber'n nur ungünstig gegen uns gestimmt hätte! Hast Du schon alles abgeerntet?

Herzlichst Paul

51. An Walter Hasenclever

Westerland, Sylt 18/12/37

Mir ist ein fein kleins Büchelein
gefallen in den Sinn.
Das laß ich Dir aus Magdeburg
zu Weihnacht schicken hin.
Doch darfst Du's erst zur rechten Zeit
enthüllen unterm Baum;
sonst werd' als der Ver-Führer ich
erscheinen Dir im Traum.

Fröhliche Weihnachten
und Prosit Neujahr!
Inken, Ellen, Mimi und Paul

52. An Paul Hasenclever

[Lastra a Signa] 31-12-37

Gentlissimo Paolo, conssima Ellen i tutta la famiglia!

Die Karten v. 10. und 28.12. benissimo erhalten. Was den letzten Satz dieser Karte vom 28. betrifft, so bin ich in der gleichen Situation! – Über Marita wäre manches zu sagen; sie hat sich in vieler Hinsicht sehr verändert, und nicht zu ihrem Vorteil. Doch dies kann nur mündlich expliziert werden. – Ich gratuliere zu Ellens Kleid und Hütchen! Möge ihr die Ehe die trübselige Zeit dieses Lebens verkürzen! – Heute, am letzten Tag des alten Jahres, werde ich mir erlauben, einen herzhaften Schluck eigenen Weins auf Dein Wohl, alter Knabe, zu kosten.

Werte Familie mit einbegriffen! In diesem Sinne ein schallendes »Prosit Neujahr« von Ethe, Kälbchen, Weinfaß und mir.

Euer Walter

53. An Walter Hasenclever

[Westerland, Sylt] 15.1.38

Lieber Walter!
Jetzt kommt der feierliche augenblick, wo ich deine sylvesterkarte beantworte. Ach ja, unsere »herbe« schwester ... Wenn man nicht, wie du, in einer noch geschlossenen lebensart heimisch geworden ist, oder sich nicht, wie ich, einer wissenschaftlich begründeten weltanschauung verpflichtet hat, begnügt man sich eben mit mondäner barbarei, mit berechnender selbstgerechtigkeit ... Doch nun zu was anderem! Von dem buch, womit ich dich zu weihnachten überfallen habe, bekam ich meine ausgabe erst gestern von einem entleiher zurück, sodaß ich einen landläufigen irrtum, den der verfasser dort auf seite 275 ohne böswilligkeit nachgebetet hat, nicht eher berichtigen konnte. Niemals hat der geistesriese, von dem hier die rede ist, »die Wirtschaft als einzige Triebfeder der Kultur hinstellen« wollen, und wenn auf der folgenden seite behauptet wird, daß seine weltanschauung »auf diese Frage – nach den tieferen hinter der wirtschaftlichen Entwicklung tätigen Ursachen – schweigt«, so beweist der verfasser damit nur, daß er nicht aus der quelle geschöpft hat. Der freund jenes geistesriesen, der übrigens auf den schultern des auf Kants schultern stehenden Hegel steht, erklärte anno 1890:

»Die Reflexe aller dieser wirklichen Kämpfe im Gehirn der Beteiligten, politische, juristische, philosophische Theorieen, religiöse Anschauungen und deren Weiterentwicklung zu Dogmensystemen, üben auch ihre Einwirkung auf den Verlauf der geschichtlichen Kämpfe aus und bestimmen in vielen Fällen vorwiegend deren *Form*. Es ist eine Wechselwirkung aller dieser Momente, worin schließlich durch alle die unendliche Menge von Zufälligkeiten (d. h. von Dingen und Ereignissen, deren innerer Zusammenhang untereinander so entfernt ... ist, daß wir ihn ... vernachlässigen können) als Notwendiges die ökonomische Bewegung sich durchsetzt.« Die geschichtliche dialektik, d. h. die entwicklung in gegensätzen, folgt eben aus der wechselwirkung zwischen den produktivkräften und ihrer gestaltenden »spiegelung«.

So, nun lach mich nicht aus, sondern sei allerseits herzlich gegrüßt!

54. An Walter Hasenclever

[Westerland, Sylt] 2.4.38

Lieber W!
Ich schrieb Dir am 12.1., daß die Alte den Stammbaum=Kram loswerden wollte und mich durch Antwortkarte fragte, ob sie ihn uns schicken solle, da Du und Marita z. Zt. aus versandtechnischen Gründen nicht dafür in Frage kämet; außerdem ist die nächste Generation in Gestalt von Ellen hier vertreten. Ich habe also nicht ablehnen können, aber zugleich betont, daß ich mich da lediglich als Treuhänder betrachten werde – auf daß sich die Alte nur ja nichts einbilde.

Nun entsinnst Du Dich vielleicht, daß Du mich im Herbst 1933 auf einer Postkarte fragtest, wie unsere Verwandtschaft mit Goethe zusammenhänge. Damals hatte ich allerdings nur ein Duplikat des Stammbaumblattes I (d. a. der allgemeinen Übersicht), das u. a. bis zu unserem Urgroßvater David H. reichte, neben dem ich früher mal Henriette, die Tochter Joh. Georg Schlossers, mit Bleistift als Ehefrau vermerkt hatte. Aus der Düntzer'schen Goethe-Biographie ersah ich nun, daß dieser Schlosser mit Goethes Schwester Cornelia verheiratet war, und so ließe sich – mangels weiterer Unterlagen – wohl vermuten, daß Henriette Schlosser Goethes Nichte gewesen sei. Immerhin äußerte ich diese Vermutung unter allem Vorbehalt, d. h. »nach bestem Wissen und Gewissen«, also zum reinen Privatgebrauch. – Aufgrund des Stammbaum=Krames kann ich Dir nun Genaueres mitteilen. Danach war Joh. Georg Schlosser allerdings mit Goethes Schwester Cornelia seit 1773 verheiratet, aber in *erster* Ehe, und aus dieser Ehe stammte nur eine 1774 geborene Tochter *Luise*, worauf Cornelia nach weiteren drei Jahren starb. Im nächstfolgenden Jahre (1778) ging Schlosser eine *zweite* Ehe ein, diesmal mit Johanna Katharina Fahlmer, und *hier*von stammt nun die 1781 geborene *Henriette* Schl. ab! Dieselbe Henriette, die sich 1809 mit unserem Urgroßvater David H. verheiratete und also *keine* Nichte Goethes ist, sodaß eine *un*mittelbare Verwandtschaft mit ihm, wie sogar in den *»Münchner Neuesten Nachrichten« vom 22.8.32* angeführt wurde, *nicht* besteht; es *müßten* denn seit 1924, dem Erscheinungsjahr der letzten Unterlagen, neue Ergebnisse hinzugekommen sein. Allerdings unterschrieb sich Goethes Mutter in ihren Briefen an Henriette stets als »Deine Dich liebende Großmutter«; doch das war nur eine Art *Wahl*verwandtschaft. Dagegen besteht eine *mittelbare* Verwandtschaft, wenn auch eine etwas weitläufige! Ein Peter v. Merxheim nämlich, der vor 1544 heiratete, hatte einen Sohn Heinrich, von dem schließlich die Johanna Katharina Fahlmer abstammt, und eine Tochter Elsa, von der schließlich die Katharina Elisabeth Textor (Goethes Mutter!) abstammt. Man kann also sagen, daß das p.p. Blut des wackeren Peter von Merxheim *sowohl* in den Äderchen Henriette Schlossers, der Mutter Johanna Katharina Fahlmers und Mutter unseres Großvaters Georg H., *als auch* im Samen Goethes »rollte«, sodaß »auf *diese* Weise«, wenn auch ein bißchen sehr hintenrum, doch sowas wie eine Blutsverwandtschaft besteht, die allerdings am besten ganz den Privatgesprächen vorbehalten bleibe. Johann Georg Schlosser seinerseits stammt übrigens in ziemlich gerader Linie *von Lukas Welser dem älteren* ab, der 1495 in Augsburg starb – Du weißt doch: »die Fugger und Welser« – und somit *auch* ein bißchen in uns herumspukt.

Ich hatte dem noch eine bildliche Darstellung beigefügt; aber mein *Brief* vom 12.1. an M., der dies als Einlage enthielt, ist leider einem Briefmarder zum Opfer gefallen. Hoffentlich erhälst Du nun wenigstens diese *Karte*!

Herzlichst Dein P

55. An Walter Hasenclever

[Westerland, Sylt] 25/4/38

Lieber Walter!
Ich bestätige den empfang deiner karte vom 8/3 durch dieses etwa 1½ monate alte bildchen von Inken, das leider als innenaufnahme gemacht werden mußte und daher nicht ganz »identisch« ist. Im geiste sehe ich dich dein

land bestellen und vielleicht schon beernten, welch-letzteres allhier, nicht unweit des nordpols, noch dahinsteht. Was war denn an meiner karte vom 15/1 »nicht sehr erfreulich«? Sag's nur offen, damit ich's in zukunft vermeide. Du hast doch meine weisen worte über Marita nicht etwa falsch bezogen? Mensch! Im übrigen erfreue ich mich nach wie vor meiner unverwüstlichen sermità. Halt' dich munter!

Herzlichst allerseits – dein Paul

56. An Paul Hasenclever

[Florenz] 14/5/38

Lieber Paule,
innigen Dank für das reizende Bildchen auf Karte vom 25.4. Inzwischen ist es mir nicht gut ergangen ... bin seit einigen Tagen aber wieder im vollen Besitz meiner Gesundheit. Wegen des »nicht erfreulichen« in Deinen Mitteilungen: so bitte ich Dich, alle Bemerkungen über die allgemeine Weltlage lieber zu unterlassen, da ich mir über dieselbe höchstselbst ein Bild machen kann und alle, noch so geistreichen Zitate unter den heutigen Umständen von Übel sind. Deshalb schrieb ich Dir stets der Wahrheit gemäß, daß ich auf meinem Stückchen Erde sitze und mich nicht mehr sehr für die Außenwelt interessiere – was aber leider tauben Ohren gepredigt war.

Nichts für ungut und herzlichst
Dein alter W.

57. An Walter Hasenclever

[Westerland, Sylt] 22.5.38

Erhabener frère aîné!
Aha, denkst du, jetzt kommt die apologie des Sokrates. Mitnichten! In anbetracht der quarantäne, die du lt. meinen auslandszeitungen mit vielen konpatienten teilen mußtest, verzichte ich sogar darauf, deiner karte vom 14 ds. einige geistreiche zitate aus der Antigone entgegenzuhalten. Nur eins: bei nochmaliger durchsicht all deiner karten fand ich nicht das geringste, womit du meinen ohren gepredigt hättest, wohl aber allgemeine zeitklagen, die ich dann mit gegenständlichen zeitscherzen zu beantworten pflegte. Dieselben gingen doch also nur auf meine eigene kappe ... Und wer wird denn, alter bursche, gleich mit der außenwelt böse sein, bloß weil sie auch mal die unregelmäßigen verben durchnimmt?! Weißt du was? Lustwandle nächsten sonnabend, den 28. ds., arm in arm mit Edith um 21 uhr ins dortige Teatro Vittorio Emanuele, wo Bruno Walter Beethovens »Missa solemnis« leiten wird. Wie ich euch darum beneide! Nebenan fällt gerade Inken vom töpfchen. Glücklicherweise hatte sie noch kein alpha-alpha gemacht. Und nun herzliche grüße allerseits an dich und Edith, von welchselbiger wir gerne mal ein bißchen sähen, –

dein nunmehr im bildchen syender frère cadet
Paul

58. An Paul Hasenclever

[Lastra a Signa] 11-6-38

Bruderherz an der Nordsee!
Dank für Karte vom 22.5. Sag mal, hast Du mir aus Magdeburg ein Buch von Gottfried Keller schicken lassen? Da ich keine Ahnung habe, wer der Absender ist, und nicht hoffen will, daß Du Dich in Unkosten gestürzt hast, frage ich zur Vorsicht an. – Die »unregelmäßigen Verben« waren durch die völlig mittelalterlichen Zustände in der Schulklasse keine reine Freude. Und die klassischen Dichter, die Du öfters zitiert hast, fallen leider in dasselbe Gebiet. Meine Korrespondenz ist infolgedessen sehr eingeschrumpft und ich bin von der Soziologie zum Gartenbau umgesattelt. Wenn Du sehen würdest, wie ich im Schweiße meines Antlitz die Salatbeete umgrabe und meine Kaninchen versorge, würdest Du Dir eins lachen. Lebe wohl, alter Knabe, und grüße Dein Weib und Deine Kinder. Ob wir uns wohl mal wiedersehen, auf dieser komischen Welt?

Dein getreuer frère aîné W.

59. An Walter Hasenclever

[Westerland, Sylt] 14.6.38

Cuor mio!
Indem ich den kopf (den oben und den unten) heftig schüttle, ersehe ich aus deiner karte vom 11. ds., daß die leutchen also vergessen haben, mich als auftraggeber anzugeben. Hoffentlich haben sie wenigstens den preis ausradiert, damit du dich nicht wegen meiner »unkosten«

betreten fühlst. Weshalb aber, so frage ich, sollte ich mich nicht in ebendieselbigen stürzen, um dir nach einem unerfreulichen erlebnis eine brüderliche trostfreude zu bereiten? Einmal ist keinmal, zumal ich hoffe, daß du dich hinfür – ich fasse holz an, indem ich meine neue bux anfasse – einer ungestörten gesundheit erfreuen wirst. Mit deiner metamorphose stehst du übrigens nicht allein da; auch dein frère cadet gibt sich, geistreiche zitate aus den dir unheimlichen klassikern vor sich hinmurmelnd, zurzeit dem unkrautzupfen hin, welches dem umgraben an bequemlichkeit bedeutend nachsteht. Doch wenn man nur mit ein ganz klein bißchen einbildungskraft ausgestattet ist, kommt man auch dabei auf seine kosten. Legt man dann beispielsweise irgendwelche hohlgänge bloß, so sieht man mit den augen Hans Christian Andersens, des märchendichters, wie hier offenbar ein maulwurf, der bei einem anderen zu besuch war, eine feldmaus hat einsperren lassen, vor der er sich aus unerfindlichen gründen ebenso fürchtet, wie sie sich vor ihm. Guten herzens tischt man ihr als dem passivum dieses unregelmäßigen verbums beim einebnen eine treffliche keller-assel auf, die gerade des wegs daherkommt, und hockt sich dann fluchend vor die benachbarte brennesselsiedlung, an der sich sogar die brüder Grimm aufs grimmigste die finger, um nicht zu sagen: den mund verbrannt hätten. Eine komische welt, allerdings, aber jede komödie hat einmal einen fünften und letzten aufzug. Auf wiedersehen dann in der garderobe!

Herzlichst – dein Paul

60. An Paul Hasenclever

[Lastra a Signa] 17.6.38

Teurer Erdwurm!
Bestätige Karte vom 14. ds. – Dank und Beschämung für das schöne Geschenk. Es hat mein Herz wirklich getröstet! Du hättest Dir nichts Besseres ausdenken können. – Nun hatte ich (unabhängig von Deiner Gabe) schon längst die Absicht, Ellen mit etwas zu erfreuen, da mein Sperrkonto anschwillt und Unterstützungen an direkte Verwandte zulässsig sind. Inken wird diese Weihnachten einbezogen. Ich denke evtl. an eine Reise für Ellen oder einen Kursus – kurz etwas, was sie sich wünscht, sozusagen als nachträgliches Geburtstagsgeschenk (wann ist derselbe?). Bitte schreib mal, damit ich gelegentlich meinen diesbez. Antrag durch Hauck machen lassen kann. Ich dachte etwa 100 Mark zu beantragen. Vielleicht gibst Du mir ein paar Unterlagen. Und da nicht Du, sondern Deine Tochter der Nutznießer ist, hast Du kein Recht, es abzuschlagen.

Es umarmt Euch alle Euer Märchenonkel Fawensus.

61. An Walter Hasenclever

[Westerland, Sylt] 24.6.38

Recht ehrenwerter edelmann! Hoffentlich braucht Ellen dieser tage keine klassenarbeit zu machen; denn das ergebnis würde sicher »im ganzen ungenügend minus« sein, vor lauter freude über dein nachträgliches geschenk zu ihrem am 23.II. stattgehabten bezw. – gefundenen geburtstag. Du ermöglichst ihr dadurch die erfüllung eines langgehegten wunsches, nämlich die anschaffung einer wirklichen (quer-)*flöte* (flauto traverso), nachdem sie sich bisher mit einer (geraden) blockflöte hat begnügen müssen; selbige flöte wird nun 84 RM kosten, und vom rest will sie (Ellen) sich dann in den herbstferien eine bezirks-wochenkarte kaufen, womit man ganz nach belieben herumreisen kann, bis nach Hamburg »und so« (was gleichfalls schon seit jahren ihr traum ist). Ihre dankbarkeit für deine karte vom 18. d.s. – einstweilen durch mich, ihren erzeuger, zum ausdruck gebracht, da sie selber zurzeit in der mittelschule ist – kennt daher keine grenzen, was auch für uns gerührte eltern gilt. Sie hat sogar lange damit gerungen, ob sie stattdessen nicht lieber dich besuchen fahren solle; aber während der sommerferien ist es ja dort gerade am heißesten, sodaß sogar du dann ans meer zu entfleuchen pflegst, und aus diesem kühlen grunde hat sie die obige lösung vorgezogen. Dafür plant sie denn, das in aussicht gestellte weihnachtsgeschenk bis zu ihrer mittelschulentlassung auf eis zu legen und durch ersparnisse nebst elterlicher reisezulage zu ergänzen, sodaß sie dich alsdann besuchen fahren kann, ohne an einen schulbeginn gebunden zu sein – es sei denn, daß sich deine damalige einladung aus gründen, die wir jederzeit achten werden, nicht mehr aufrechterhalten läßt (du brauchst dann bloß zu schreiben: »Es geht nicht!« und niemand wird es dir »persönlich übelnehmen«). Das kost- und etwas ausgabegeld wird sie wohl sicher durch kreditbrief od. dg. mitnehmen; doch bis dahin läuft noch manches tröpfchen den Rhein hinunter, auch zwecks italienisch lernen. Inzwischen herzliche grüße an dich und Edith allerseits –

dein Paulbruder

62. An Paul Hasenclever

27, Heathgate, 29/8/38
London, N.W.11
Speedwell 8763

Mein guter alter Paul!
Dank für den 27.8. Die Welt sieht heute so bedrohlich aus, daß man in den nächsten Tagen *alles* erwarten kann. Ich werde am Ende dieser Zeit beweisen können, daß ich nicht umsonst gelebt habe. Ich bin endlich zur Prosa gelangt. Ob wir uns nochmal wiedersehen oder zum »très honoré Monsieur le Docteur« in den Himmel fahren? Habe nochmals Dank für Ermunterung und Ansporn. Lastra wird verkauft. Man wird ärmer, aber reinlicher ... Ich habe ein Stück Sonnenheimat verloren, aber dafür die gute Ethe gewonnen. Und das ist mehr wert als Wein und Kaninchen. Mit Nizza scheint es nichts zu werden. Ich werde wohl hier aufs Land gehen müssen und Salat pflanzen. Inzwischen dürfte Europa langsam, aber sicher untergehen. Umarmung!

Dein W.

63. An Walter Hasenclever

[Westerland, Sylt] 14.9.38

Lieber, guter Walter!
Als ich auf deiner karte vom 29. v. mts. die stelle über den verlust deiner sonnenheimat las, tatest du mir so leid, daß ich dir in der ersten aufwallung sofort antworten und dich gleichzeitig durch verehrung der Divina Comedia Dante's in zwo und des Decamerone Bocaccio's in drei altbänden auf italienisch trösten wollte. Da aber die flöte

noch »hing«, wartete ich bisher ihre ankunft ab; doch das olle dings, das ich heute anmahnen muß, kam und kam nicht, und da die »gewehtlage« immer mulmiger aussieht, mache ich jetzo kurzen prozeß und führe obige absicht ohnverzüglich aus. Hoffentlich bekommst du nun die beiden einsehreil-drucksachen wohlbehalten! Ethe wird doch sicher gleichfalls der italienischen sprache begierig, kundig, eingedenk, teilhaftig, mächtig voll sein, sodaß sie sich beim blättern in den fünf schmökern, ebenso wie du, wird trösten können – abgesehen von dem trost, den ihr ja aneinander habt. Und nun macht euch unsretwegen keine sorgen; ihr wißt ja: unkraut vergeht nicht ... Anfang nächsten monats hat übrigens der Poldi in New York première.

Herzlichst allerseits –
– dein Paulbruder

64. An Walter Hasenclever

[Westerland, Sylt] 21.12.38

Lieber Walter!
Hier ist zu sehen Inken, wie sie im frühling dieses jahres ihre ersten gehversuche macht. Außerdem folgt noch eine drucksache (nicht vor heiligabend zu öffnen!) mit zwei Inselbüchern, von denen das bildwerk für Ethe bestimmt ist, während das andere, das mich seit beginn vergangenen monats vor dem vergrätztwerden bewahrt hat, dein gelegentlicher reisebegleiter werden soll. Beides war seitdem so geplant und ist neuerdings nicht geändert worden, um den eindruck zu vermeiden, als beschenktest du dich selber. Dafür habe ich lieber des bedauernswertesten

der bedauernswerten gedacht. Und nun herzlichste weihnachtsgrüße und prosit neujahr allerseits, auch an Ethe u. Schairers!

dein Paul

65. An Paul Hasenclever

Vert Cottage, 27/12/38
Beaulieu sur Mer (A. M.)

Lieber Bruder im kalten Norden!
Ich danke Dir von Herzen für Inkens Konterfei (das besonders reizend ist und ein gräßliches Mädchen erwarten läßt) desgleichen für die beiden Bücher. Ethe, die nach Lastra mußte, wird ihr Geschenk mit Jubel nach der Rückkehr vorfinden. Und ich erfreue mich an dem herrlichen Hölderlin, der auch mir im Augenblick ein *Labsal* ist! Wirklich aufrichten Dank, alter Bursche, für die von Liebe diktierte Auswahl. – Leider sind Schairers nicht gekommen – Deine Fragen bleiben noch unbeantwortet. Ich gedenke Eurer, als einsamer Junggeselle unter Palmen, mit einem Schluck Burgunder zu Silvester! 1939?!?

Dein getreuer W.

66. An Walter Hasenclever

[Westerland, Sylt] 31.12.38

Lieber Grünhüttler!
Wie vorauszusehen war kaum war Ellens karte vom 29. ds. (mit meiner nachschrift) in den postkasten geschleudert worden, als die deinige vom 27. ds. gestern ankam. Damit die kartenkreuzerei nun endlich aufhört, sende ich

diese antwort gleich heute hinterher; denn du sollst dir wegen der ollen wochenzeitungen jetzt wirklich keine sorgen mehr machen. Von Candide werde ich mir gelegentlich mal eine ansichtsnummer kommen lassen und die holländischen dingerchen eins nach dem anderen durchkosten. Diese karte ist also, sehr geehrter bewohner einer grünen hütte, des beantwortetwerdens unbegierig, zumal ich ja nunmehr darüber beruhigt bin, daß die Inkenbildkarte und die Inselbücher angekommen sind. Ich fürchtete erst, daß der Hölderlin – stimmungen sind oft unberechenbar – vielleicht gerade unwillkommen sein könnte; umso froher bin ich, vielmehr im richtigen augenblick damit gekommen zu sein. Diesem Hölderlin, neben dem bestgehaßten mann und seinem freunde, verdanke ich, daß mein herz neulich nicht alt geworden und in seiner schwer errungenen menschenliebe nicht beirrt worden ist, die meinen fortschritt von Schopenhauer über Hegel zu obigem bestgehaßten mann bekundet. Laß mich am jahresende nochmal in mein altes laster des zitierens zurückfallen und höre die worte des pp. Beethoven aus einem 1826er briefe: »Seyen Sie überzeugt, daß mir die Menschheit auch in ihrem Falle immer heilig bleibt!« Wenn unsereiner nicht so dächte, wer sollte es sonst? Und wenn keiner mehr so dächte, versänken wir endgültig in barbarei. Wo aber nur zwei oder drei so denken, ist die wiedergeburt, die einst Ellen und Inken und ihrer nachkommenschaft zugutekommen soll, nicht mehr ferne, wenn es dabei auch, wie bei allen geburten, nicht ohne wehen abgehen sollte. Ehe ich nun überschwenglich werde, schließe ich schnell mit den zuversichtlichsten neujahrsgrüßen an dich und Ethe allerseits –

dein Paul

(à qui sait attendre, tout vient à point.)

67. An Paul Hasenclever

Neue Adresse: Villa S. Hilaire, den 7.3.39
Avenue de la Gaude,
Cagnes sur Mer (A. M.)
Frankreich,

Euer Exelenz, danke für 20.1. und 4.3. Ich habe Marita mit Gen. der Devisenstelle von Hauck 20.– Mark für ein Geschenk an die Jubilarin überweisen lassen, das ihr am 18. mit meiner Karte nebst Wünschen überreicht wird. – Ich bin der Meinung, es wäre gut, wenn wenigstens einer von Euch, am besten Du, in Hochforst anwesend wäre, da Marita mit der Inhaberin manches besprechen will, was im gemeinsamen Interesse läge. Auch soll sich, wie Marita schreibt, Madame Mère nicht mehr so abweisend gegen mtl. Änderungen und Wünsche der Miterben zeigen. Ein in dieser Sache anständiges Kontrollorgan, auch unserer lieben Schwester *bzw. derem Gatten gegenüber*, wäre im »Kriege der Elefanten« nicht [...]. Diesen letzten Satz bitte ganz vertraulich! Falls Du unabkömmlich bist, müßte ich Dir die Kopie eines Briefes von mir an Marita zu dieser Materie zuschicken, damit Du im Bilde bist. – Kein Zweifel: Madame Mère hat uns im Leben nicht viel Gutes erwiesen. Rebus sic stantibus jedoch, zumal wenn sie jetzt einlenken will, sollte man ihr entgegenkommen, und sei es auch »übern langen Weg.« Ich nehme an, daß sie Dir die Reisekosten vergüten wird, sonst könnte ich daran teilnehmen. Bitte schreib mir ein Kärtchen, was Du beschließen willst. Glück auf für Ellen! Umarmung an die ganze Familie,

Dein treuer aîné.

68. An Walter Hasenclever

[Westerland, Sylt] 16.3.39

Lieber Walter!
Wenn du noch einmal sowas machst wie mit deiner karte vom 7. ds., die du an mich nach Hochforst gerichtet hast, worauf sie mir von Marita brieflich übermittelt worden ist, fange ich zur strafe wieder mit den geistreichen zitaten an. Obwohl wir nun erst recht hier alle unabkömmlich sind, laß mich bitte des angebotenen durchschlags nicht teilhaftig werden, selbst auf die gefahr hin, daß du dafür mit dem schmackhaftesten aller klassikerzitate bedenkst

deinen bruder
Paul

69. An Paul Hasenclever

Villa S. Hilaire, den 19. März 1939
Avenue de la Gaude,
Cagnes sur Mer (A. M.)
Frankreich,

Lieber Paul!
Die Ironie Deiner Karte vom 16.3. ist völlig berechtigt, da es den Anschein erwecken musste, als ob ich durch die irrtümliche Adressierung meiner Karte vom 7.3. an Dich nach Hochforst eine intrigante Absicht verfolgt hätte. Dies ist nicht der Fall. Mein Wunsch, Du möchtest nach Hochforst fahren, ist vielleicht die Ursache des Versehens – so wie es vorkommt, dass man Kuverts vertauscht. Ich

kann weder Dich noch Marita zwingen, mir zu glauben. Ich muss es Euch überlassen, ob Ihr es tun wollt. Sollte meine Karte in unberufene Hände gelangt und dadurch Unheil angerichtet haben, so bedaure ich das und bitte wegen meines Versehens ausdrücklich um Entschuldigung.

Meine Bitte um Diskretion auf der Karte (was ja nur für die Wahrhaftigkeit meines Versehens spricht) entsprang dem Wunsche, die inzwischen beigelegten Differenzen zwischen Marita und mir nicht wieder von neuem entstehen zu lassen. Tätsächlich hätte ich gerne die Vertretung meiner Interessen nicht einem, sondern beiden Geschwistern übergeben, da keine Möglichkeit für mich bestand, Marita vorher zu sehn, wie ich es ihr vorgeschlagen hatte. Auf Grund von Erlebnissen, teils familiärer, teils finanzieller Natur, halte ich Marita in ihren Entschliessungen nicht mehr für ganz objektiv. Es wäre mir lieb gewesen, wenn ein Dritter, Unparteiischer, wie Du in diesem Falle, der von ihr und ihrem Manne angeregten Neuordnung unserer Vermögenslage beigewohnt hätte. Das ist alles.

Eine Kopie dieses Briefes schicke ich gleichzeitig an Marita nach Hochforst.

Mit herzlichen Grüssen Dein Bruder
Walter

70. An Walter Hasenclever

[Westerland, Sylt] 26.3.39

Lieber Walter!
Hast du vorgestern nachmittag den großen bumms gehört? Das war nicht etwa ein böllerschuß zu ehren des

duce del duce, sondern der stein, der mir vom herzen fiel, als ich aus deinem brief vom 19. ds. ersah, daß du mir meine karte nicht übel genommen hast. Diese karte war übrigens nicht der ironie, sondern nur des guten willens teilhaftig mächtig voll, die sache von der heiteren seite zu nehmen, und nunmehr laß uns wieder zu den großen dingen uns hinwenden. Das, womit ich dich heute behelligen will, ist zum soundsovielten male einer von meinen unerbetenen ratschlägen: aber ich habe vor kurzem die lesung eines buches beendigt, das ich dir, wenn schriftwechsel unter brüdern überhaupt noch einen sinn haben soll, unbedingt empfehlen muß. Es heißt »A People's History of England« by A. L. Morton, ist bei Victor Gollancz Ltd. in London erschienen und kostet dort 8 s 6 d. Es beschränkt sich keineswegs auf England allein, was ja bei solchem stoff auch ganz unmöglich wäre, und ist auch sonst durchaus nicht einseitig. Ich wollte es dir erst zu schenken suchen; aber erstens würde es mal wieder über 6 wochen dauern, bis ich es hierher bekomme, und dann müßte ich zweitens neuerdings auch noch um genehmigung nachsuchen, ob ich dieses geschenk, selbst wenn es kein geld ist, an dich »transferieren« darf. Kurz: das alles wäre viel zu umständlich, und wer weiß, wo du dann wieder steckst, wenn es glücklich soweit ist; aber empfehlen möchte ich dir doch wenigstens la luce della luce, so darin enthalten ist, und schließe mit der vorfreude darauf, wie schön es doch wäre, wenn wir beide mal wieder gemeinsam, ob auch durch täler weit und höhen getrennt, das gleiche gelesen hätten. Ich habe es ja im Januar 1936 mit Burckhardts »Weltgeschichtlichen Betrachtungen« auch so gehalten.–

Herzlichst allerseits –

dein Paul

71. An Paul Hasenclever

[Cagnes sur Mer] 16.7.39

Bruder Löwenherz!
Dank für Karte vom 12. Juli. Meine Hand war bildlich. Der selige Morgenstern ließ mal seinen Baron Korff sagen, er sei nicht existent im Figurensinn bürgerlicher Konvention. Dagegen verstehe ich Dein »Schuhputzen« nicht ... Dank für Marita's Adresse; dieselbe war von Orasac abwesend, schrieb mir aber wieder, heimgekehrt, von dort einen Brief. Ich werde versuchen, den alten Rowobowohlt aufzutreiben; möchte ihn gerne wiedersehen! Ansonsten haben wir gebührend gefeiert. Diesmal war das Fest eine reine Freude. Die Feiernden hatten recht viel Musiker engagiert. Und auch das Feuerwerk war nicht von Pappe. Im vorigen Jahr ging keine Rakete los. Alles verpuffte. Schick an Ellen ein Küsschen von mir und gib desgleichen an Mimi'n und Inken. Von Weib, Hund und mir die herzlichsten Grüße,

Dein Kartoffeln ausbuddelnder Bruder W.

Nachwort

I

Am 21. August 1940 meldete das *Deutsche Nachrichtenbüro* den Selbstmord des seit 1938 ausgebürgerten Dramatikers Walter Hasenclever. Während der folgenden Tage wurde diese Information von zahlreichen reichsdeutschen Zeitungen mit offensichtlicher Genugtuung kommentiert, da sich durch den Freitod eines der kulturellen Exponenten der verhaßten Weimarer Republik der Erfolg des nationalsozialistischen ›Kulturkampfes‹ zu bestätigen schien. So hieß es unter anderem, daß »Hasenclever Erinnerungen an die schlimmsten Zeiten des literarischen Nachkriegsexpressionismus wecke«. Während dieser Epoche habe vor allem er »seinen Teil zu einer völligen Überfremdung des deutschen Theaters beigetragen«.

Dieser Vorwurf schließt sich nahtlos den öffentlichen Kontroversen an, die das Werk des Dichters seit dem Erscheinen seines revolutionären Dramas *Der Sohn* im Jahre 1914 begleiteten und 1931 einen kuriosen Höhepunkt in einem Prozeß wegen angeblicher Gotteslästerung durch die Komödie *Ehen werden im Himmel geschlossen* (1928) fanden.

In Zeiten hineingeboren, in denen sich Aufstieg und Fall der deutschen Nation in rascher Folge abwechselten, erreichte Hasenclever mit dem *Sohn* schon früh einen Grad der Popularität, der ihm besonders bei der Jugend den Vergleich mit dem jungen Schiller eintrug. Wie kaum ein anderes Theaterstück seiner Epoche drückt dieses Drama die idealistische Aufbruchstimmung einer Generation aus, die ihre geistigen Voraussetzungen in den

Schriften Friedrich Nietzsches gefunden hatte und nach radikalen gesellschaftlichen Veränderungen verlangte. In konservativen Kreisen rief es jedoch nachhaltige Ressentiments hervor, die während der folgenden Jahre durch die ständigen gesellschaftskritischen Äußerungen des Dichters genährt wurden.

So markiert *Der Sohn* den frühen Erfolg einer kontinuierlich von Anfeindungen begleiteten Karriere, während der sich Hasenclever der unterschiedlichsten literarischen Genres bediente. Der dabei geschlagene künstlerische Bogen reicht von der expressiven Lyrik über das pazifistische Drama, von der die moderne Gesellschaft persiflierenden Komödie bis hin zur autobiographischen Prosa. Hinzu kommen eine jahrzehntelange journalistische Tätigkeit, die den Autor auch für einige Jahre nach Paris führte, diverse Arbeiten für den Film – unter anderem 1930 in Hollywood, wo er für den Greta Garbo-Film *Anna Christie* das Drehbuch der deutschen Fassung schrieb – sowie eine Nachdichtung der wichtigsten philosophischen Gedanken des schwedischen Mystikers und Theosophen Emanuel Swedenborg.

Den Höhepunkt seiner Popularität erreichte Walter Hasenclever gegen Ende der 20er Jahre mit seinen Komödien, durch die er zeitweise zu einem der meistgespielten Dramatiker des deutschen Sprachraums avancierte. Den Beginn dieses Erfolges leitete die Satire auf klassisch bürgerliche Leitbilder *Ein besserer Herr* (1926) ein, die allein in der Spielzeit 1927/28 von beinahe 100 Theatern gleichzeitig aufgeführt und 1928 auch verfilmt wurde. Die Religionssatire *Ehen werden im Himmel geschlossen* sowie die politische Persiflage *Napoleon greift ein* (1929) konnten diesen Erfolg weiterführen und wiesen den Autor überdies als entschiedenen Gegner faschistoiden Gedankengutes aus.

1933 zählte er gerade wegen seines hierdurch in liberalen Kreisen begründeten Prestiges zu den ersten Autoren, deren Werke in Deutschland verboten wurden. Sein Schicksal ist deshalb exemplarisch für das vieler vom Expressionismus geprägter Schriftsteller, deren Gros zu den im nationalsozialistischen Deutschland Geächteten gehörte, und deren Verdrängung aus dem kulturellen Leben die NS-Kulturpolitik mit nachhaltigem Erfolg betrieb.

Aufgrund ihrer politischen Ansichten auch in ihrer physischen Existenz gefährdet, blieb vielen dieser Künstler nur noch die Emigration. Der Kriegsausbruch und die schnellen militärischen Erfolge der deutschen Wehrmacht entlarvten aber die im europäischen Ausland scheinbar gefundene Sicherheit als trügerisch, so daß sich 1940 die Nachrichten über Selbstmorde in Emigrantenkreisen häuften.

Als mit Walter Hasenclever am 21. Juni 1940 schließlich einer der populärsten Autoren der Weimarer Republik aus dem Leben schied, konnte die reichsdeutsche Presse triumphierend das vermeintliche Fazit ziehen, daß gerade Hasenclevers freiwilliger Tod »symbolisch einen Schlußstrich unter eine unwiderbringlich vergangene Zeit gezogen« habe.

II

Walter Hasenclever wird am 8. Juli 1890 in Aachen als ältestes von drei Kindern geboren.[1] Seine Mutter Mathil-

1 Vgl. zu Leben und Werk des Dichters auch die umfassende Monographie des Verfassers »Walter Hasenclever. Eine Biographie der deutschen Moderne«. Tübingen: Niemeyer Verlag 1994.

de Anna, eine Tochter des Aachener Kommerzienrates Alfred Reiss, hat im März des Vorjahres den ehrgeizigen Arzt und späteren Sanitätsrat Dr. Carl Georg Hasenclever geheiratet. Dieser stammt aus einer im Rheinisch-Westfälischen weit verbreiteten und angesehenen Familie, die schon lange den Aufstieg in der preußischen Beamtenhierarchie sowie die Anbindung an das großbürgerliche Unternehmertum vollzogen hat. Ihren Vater schildert Hasenclevers Schwester Marita als typischen Sproß einer eher preußisch-spartanischen Familie, der geglaubt habe, seinen ältesten Sohn mit besonderer Strenge erziehen zu müssen, damit er nicht durch die in der Familie Reiss intensiv gepflegte großbürgerliche Lebensweise verwöhnt werde.

In seinem autobiographischen Roman *Irrtum und Leidenschaft* beschreibt Walter Hasenclever während der 30er Jahre das Milieu, in das er hineingeboren wurde, als repressiv und zutiefst frauenfeindlich. Dies trifft nicht zuletzt auch auf die Ehe seiner Eltern zu, deren schier unüberwindbare Konflikte ihn als Erstgeborenen besonders betroffen haben.

»Ich wurde von meinem Vater sehr oft geschlagen«, gibt er 1917 in einer autobiographischen Notiz an, »meistens mit der Reitpeitsche, wenn ich meine Aufgaben nicht konnte, abends beim Schlafengehen vor meinem Spiegel. Später wurde ich morgens nach dem Frühstück überhört. Da mein Vater wußte, daß es mein größter Ehrgeiz war, in der Schule nicht zu spät zu kommen, wurde ich gezwungen, so lange zu lernen, bis ich für den 30 Minuten langen Schulweg oft nur 10 Minuten Zeit hatte. Infolge des angestrengten Laufens erbrach ich fast täglich auf dem Weg mein Frühstück.«

Die Mutter, die – so berichten verschiedene Quellen übereinstimmend – während ihrer ersten Schwangerschaft an einer Psychose erkrankt ist, die ihre vorübergehende Einweisung in eine Nervenheilanstalt notwendig macht, hat nach der Geburt Walters weitestgehend das Interesse an ihrem Sohn verloren und überläßt seine Erziehung deshalb dem Vater und häufig wechselnden Gouvernanten.

Hasenclevers zeitlebens engster Vertrauter, der Publizist und Autor Kurt Pinthus, berichtet, daß er Hasenclever während ihrer 30 Jahre währenden Freundschaft so gut wie nie über seine Mutter hat sprechen hören. Er bestärkt hingegen die Vermutung, daß überhaupt keine emotionale Beziehung zwischen Mutter und Sohn bestanden habe, außer jener negativen, die der Hausarzt der Familie, Dr. Baurmann, in einem Brief aus dem Jahre 1917 als »Mangel jeglicher Liebe« bezeichnet hat. In diesem Schreiben heißt es wörtlich, daß die Mutter seit der Zeit ihrer Schwangerschaftspsychose »das Kind [Walter], wie sie mir oft versicherte,« gehaßt, und daß sie »den Haß in ihrem Leben nicht verloren« habe. Über den Vater schreibt Baurmann, er sei »ein körperlich gesunder, kräftiger Mann mit krankhaftem Eigensinn« und »von einem fanatischen Haß gegen alles Moderne in Kunst und Wissenschaft erfüllt«; »dabei pedantisch streng und rücksichtslos; bewußte Unterdrückung der Entwicklung jeder Eigenart in dem Sohn, bewußte Demütigung des Sohnes bei jeder Gelegenheit«.

Walter Hasenclever erinnert sich hierzu Jahre später in einem Brief an das erfolglose Bemühen seines Schuldirektors, mäßigend auf den Eigensinn des Vaters einzuwirken, der sogar zu rigiden Einflußversuchen auf die Inhalte des Schulunterrichts geführt habe. Doch sei es dem Schulleiter nicht einmal gelungen, für seinen Schüler die Erlaubnis zum Besuch einer für die gesamte Klasse bestimmten Theatervorstellung zu erwirken.

Nach seinem Abitur im Jahre 1908 verläßt Hasenclever seine Heimatstadt, um sich – auf Wunsch des Vaters – durch ein Studium in Oxford auf die für ihn vorgesehene Diplomatenlaufbahn vorzubereiten. Weil Carl Georg Hasenclever die von seinem Erstgeborenen in England geführte Lebensweise jedoch rasch als viel zu freizügig ansieht, bestimmt er schon nach einem Semester den Abbruch des dortigen Aufenthaltes und läßt Walter im schweizerischen Lausanne ein Jurastudium aufnehmen. Zu diesem Zweck quartiert er seinen Sohn bei einem Fachkollegen ein, der seine strengen Erziehungsmethoden vorbehaltslos unterstützt und dem bald 19jährigen nicht einmal einen eigenen Hausschlüssel zugesteht.

Doch der junge Dichter ist nicht länger gewillt, sich diesem strengen Diktat zu fügen. Im März 1909 wagt er den Bruch mit seiner Familie, indem er in einer nächtlichen Flucht (so auch der bezeichnende Titel eines kurz darauf entstandenen Gedichtes) Lausanne den Rücken kehrt und sich nach einer kurzen Odyssee durch die Schweiz und Deutschland in Leipzig niederläßt. Dort nimmt er gegen den erklärten Willen des Vaters ein Studium der Literaturwissenschaften und Philosophie auf. Schnell findet er Anschluß an die örtliche Kunstszene, aus der sich nicht zuletzt dank der Unterstützung der Jungverleger Ernst Rowohlt und Kurt Wolff eines der wesentlichen Zentren der deutschen Moderne heranbildet.

Während Hasenclever sich in den folgenden Jahren durch seine Dichtungen zusehens als einer der maßgeblichen Vertreter des literarischen Expressionismus etabliert, liegt er in ständigen Streitigkeiten mit dem Vater, der seiner Unterhaltspflicht gegenüber dem Sohn nicht nachkommen will. Mehrmals wird dieser Konflikt beinahe vor Gericht ausgetragen, und stets kann der drohende Skandal nur durch das energische Eingreifen der

Großmutter mütterlicherseits, Helene Mathilde Reiss, abgewendet werden.

Diese familiären Auseinandersetzungen führen schließlich dazu, daß Carl Georg Hasenclever den weiteren Kontakt seines Erstgeborenen mit seinen Geschwistern Paul und Marita unterbindet. So wird Hasenclevers 1902 geborene Schwester ihren ältesten Bruder nach jahrelang erzwungener Entfremdung erst 1920 wiedersehen, als sie ihn heimlich in einem Aachener Café trifft. Damit legt sie den Grundstein einer Geschwisterfreundschaft, die sie ab 1925 für Jahre nach Paris führt, wo sie für den dort als Auslandskorrespondent einer Berliner Zeitung tätigen Dichter als Sekretärin arbeitet.

Bereits zwei Jahre vor ihr, 1918, nimmt der 1897 geborene Paul Hasenclever Kontakt mit dem inzwischen als Lyriker und Dramatiker berühmten Bruder auf. Doch auch dieses Wiederanknüpfen an geschwisterliche Bande ist nur unter Umgehung der väterlichen Aufsicht möglich, da Paul zu dieser Zeit fern des Elternhauses als Student der Musikwissenschaften in Bonn lebt.

III

Die Beziehung des Vaters zu seinem zweitgeborenen Sohn Paul soll sich – so die Schwester Marita – erheblich entspannter gestaltet haben als die zu Walter. Hierfür sei unter anderem eine bei beiden besonders stark ausgeprägte Liebe zur klassischen Musik verantwortlich gewesen, die Paul Hasenclevers Lebensweg maßgeblich beeinflußt hat.

Paul Julius Karl Hasenclever wird am 20. August 1897 in Aachen geboren und am 19. Dezember des Jahres evangelisch getauft. Seine Kinder- und Jugendjahre verlaufen im Vergleich zu denen des Bruders ruhig und friedvoll. Das Abitur absolviert er mit zufriedenstellenden Leistungen im März 1916 am Königlichen Kaiser-Wilhelms-Gymnasium, wo vor ihm auch schon sein Bruder Walter Schüler gewesen ist. Im direkten Anschluß immatrikuliert er sich an der Friedrich-Wilhelms-Universität zu Bonn für ein Studium der Musikwissenschaften, das er aber bereits nach einem Semester, im August, unterbricht. Der ihm drohenden Einberufung zum Fronteinsatz entgeht er nur dank einer plötzlich auftretenden psychischen Krankheit, die seine rasche Einweisung in ein im besetzten Belgien gelegenes Sanatorium notwendig macht.

Auch sein Bruder Walter wird ab Herbst diesen Jahres als kriegsuntauglich vom Heeresdienst befreit. Mit Hilfe einflußreicher Freunde und durch Simulierung einer Nervenerkrankung erwirkt er die Einweisung in ein Dresdner Privatsanatorium, von wo er in dichterisch produktiver Abgeschiedenheit dem erhofften Kriegsende vergleichsweise gelassen entgegensieht.

Im Frühjahr 1918, der Weltkrieg ist in seine entscheidende Phase getreten, kann der nun endgültig als wehruntauglich anerkannte Paul Hasenclever sein Studium an der Bonner Universität wieder aufnehmen. Nachdem er das Wintersemester 1918/19 absolviert hat, unterbricht er sein Studium ein weiteres Mal, um sich als freiberuflicher Komponist durchzusetzen. Zu diesem Schritt ermutigt haben ihn zahlreiche eigene Kompositionen, für die er sich unter anderem von Dichtungen seines Bruders hat inspirieren lassen. Hierzu zählen zum Beispiel zahlreiche Gedichte, deren Vertonungen unter anderem auch in Berlin zur Aufführung gelangen. Hinzu kommen größere Werke wie etwa eine musikalische Untermalung für Walter Hasenclevers Drama *Antigone,* deren Aufführung jedoch nicht durchgesetzt werden kann.

Es ist wohl diesem ausbleibenden Erfolg sowie der Bekanntschaft mit seiner späteren Ehefrau Mimi zuzuschreiben, daß er sich Anfang 1920 zur Wiederaufnahme seines Studiums entschließt. Von April diesen Jahres bis Oktober 1922 immatrikuliert er sich an der Kieler Christian-Albrechts-Universität, wo er jedoch lediglich im Sommersemester 1920 regelmäßig Seminare besucht. Statt dessen arbeitet er als Volontär an der städtischen Oper und verrichtet dort – so das ihm 1921 ausgestellte Zeugnis – auch »musikalischen Bühnendienst«.

Die Vermittlung seines Bruders ermöglicht ihm parallel eine kurzzeitige Beschäftigung als Lektor für den Musikbereich der Dresdner Avantgarde-Zeitschrift *Menschen,* die zu dieser Zeit unter der Herausgeberschaft von Walter Hasenclever und Heinar Schilling erscheint. Als der Bruder nach Streitigkeiten mit Schilling seine Tätigkeit jedoch spontan niederlegt, endet auch Paul Hasenclevers Mitarbeit. Er widmet sich deshalb einem kaufmännischen Lehrgang an der Dresdner Handelsschule, wo man ihm »reges Interesse und besonders in Buchführung sehr guten Erfolg« bescheinigt. Hieran schließt sich eine kurze Anstellung beim Dresdner Kaemmerer Verlag an. Da sich ihm dort als Angestellter in der »Nebenbuchhaltung« jedoch nicht die gewünschten beruflichen Perspektiven bieten, quittiert er nach nur zwei Monaten seinen Dienst und wechselt im Januar 1923 zum Berliner Ernst Rowohlt Verlag. Auch da in lediglich untergeordneter Position in der Auslieferung beschäftigt, kündigt er auch diese Anstellung nach nur wenigen Wochen.

Als Komponist von Liedern und sinfonischen Werken weiterhin erfolglos, kehrt er nach Dresden zurück. Dort eröffnet sich plötzlich eine berufliche Perspektive, die seine bisherigen Rückschläge für einen Moment vergessen macht. Am 2. Mai 1923 stellt ihn der Dresdner Verleger Paul Bellermann als Prokurist seines Verlages ein. Doch auch diesmal ist Paul Hasenclevers Beschäftigung nicht von Dauer. Schon im September trennen sich die Wege von Verleger und Prokurist, und der junge Komponist nimmt für einige Monate eine Tätigkeit in einem Bankhaus auf, die er aber schon im März 1924 wieder aufgibt. Erneut wird daraufhin – vermutlich durch Intervention seines Bruders Walter – der Rowohlt Verlag sein Arbeitgeber. Dort übernimmt Paul Hasenclever verschiedene Aufgaben und ist unter anderem in der Öffentlichkeitsarbeit tätig. Im September 1926 kündigt er diese Anstellung und läßt sich mit seiner Familie in Westerland auf Sylt, der Heimatstadt seiner Frau, nieder. Inzwischen Vater zweier Töchter geworden, widmet er sich fortan vornehmlich der Musik und der Philosophie, was ihm nicht zuletzt durch die finanzielle Unterstützung seitens der Eltern bzw. seines später erhaltenen Erbes möglich ist. Darüber hinaus erteilt er privaten Musikunterricht und leitet als Dirigent über Jahre den Westerländer Gewerkschaftschor.

Nach der ›Machtergreifung‹ der Nationalsozialisten wird ihm die Ausübung dieser Tätigkeiten jedoch verboten. So teilt ihm der Regierungspräsident Schleswig am 8. Januar 1934 hierzu als Begründung mit, daß er »nach den angestellten Ermittlungen nicht die Gewähr dafür biete«, sich für den nationalsozialistischen Staat engagieren zu wollen. Jedoch sei man bereit, »später auf die Angelegenheit zurückzukommen, wenn Sie den Nachweis erbracht haben, dass Sie sich von Ihren marxistischen Ideen losgesagt haben und sich rückhaltlos für den neuen Staat einsetzen werden«.

Diesen Nachweis wird Paul Hasenclever jedoch niemals erbringen. Selbst eine vorübergehende ›Schutzhaft‹, in die er 1934 wegen seiner fortgesetzten Gewerkschaftsarbeit genommen wird, vermag ihn nicht zur Kollaboration mit dem neuen Regime zu bewegen. Da er aber als politisch Oppositioneller schließlich nicht mehr in Erscheinung tritt, beläßt man es bei einem Berufsverbot und verzichtet darauf, ihn physischen Repressalien oder Verfolgung auszusetzen. So überleben er und seine Familie die Jahre der NS-Diktatur, während denen sein Bruder Walter als politischer Emigrant quer durch Europa und schließlich als knapp 50jähriger in den Freitod getrieben wird.

Paul Hasenclever, der auch nach 1945 seine bereits in den späten 20er Jahren aufgenommene, sehr zurückgezogene Lebensweise weiterführt, stirbt 1988 im Alter von 91 Jahren in Westerland.

*

Bei der Erstellung dieser Briefedition erfuhr der Herausgeber vielfache Hilfe und freundliche Förderung. Hierfür sei zunächst Edith Hasenclever gedankt, nicht nur für ihre Genehmigung zur Veröffentlichung, sondern vor allem für ihre aktive Anteilnahme bei der Vorbereitung dieser Publikation.

Sabine Steinke, der Enkelin Paul Hasenclevers, gilt jedoch ein besonderer Dank. Denn ohne ihre ideelle Unterstützung hätte die beinahe lückenlos überlieferte und nun der Allgemeinheit zugänglich gemachte Korrespondenz zwischen Walter und Paul Hasenclever weder erschlossen noch veröffentlicht werden können.

Bert Kasties

Editorische Notiz

Alle Briefe wurden nach den hand- und maschinenschriftlichen Originalbriefen bzw. deren Durchschlägen wiedergegeben.

Orthographie und Interpunktion der aufgeführten Briefe entsprechen den jeweiligen Vorlagen. Offensichtliche Schreibversehen wurden in wenigen Fällen korrigiert. Eigentümliche Schreibformen blieben aber erhalten, auch wenn sie im Widerspruch zu den gültigen Regeln stehen.

Der Charakter der jeweiligen Druckvorlage wird in den Anmerkungen genannt. Die Form der Datierung entspricht der jeweiligen Vorlage. Erschlossene Datierungen sowie Zusätze stehen in eckigen Klammern, ebenso Textlücken, die sich aus Beschädigungen der Dokumente oder der Nichttranskribierbarkeit einzelner Stellen ergaben.

Bei einigen Briefen mußte von nichtunterzeichneten Durchschlägen, die in der Regel beim Verfasser zurückblieben, ausgegangen werden. Der Unsicherheitsfaktor eventueller inhaltlicher Änderungen in den abgesandten Originalen ließ sich nicht ausschalten.

Abkürzungen

Verweise auf Anmerkungen sind gekennzeichnet als s. A.– (Briefnummer),
Verweise auf das Namenregister mit s. N.– (Name).

W. H.: Walter Hasenclever

P. H.: Paul Hasenclever

Br.: Brief

e.: eigenhändig

mschr.: maschinenschriftlich

Kt.: Karte

Ds.: Durchschlag

Ps.: Pseudonym

D. i.: Das ist

s. d.: siehe dort

In den vorliegenden Anmerkungen sind alle Briefe gemäß ihrer chronologischen Numerierung aufgenommen.

Personen des engeren Familienkreises, die in den Briefen wiederholt auftauchen:

Mutter: Mathilde Anna Hasenclever, geb. Reiss (1869-1953); in den Briefen auch *die Alte* genannt.
Vater: Carl Georg Hasenclever (1855-1934); in den Briefen auch *der Alte, der alte Herr* genannt.
Marita: die Schwester Marita Hasenclever (1902-1993); in erster Ehe verheiratet mit Wolfgang Kühn.
Mimi: die Ehefrau Paul Hasenclevers (1902-1989).
Ellen: die ältere Tochter von Paul und Mimi Hasenclever (1923-1991); Patentochter von Walter Hasenclever.
Inken: die jüngere Tochter von Paul und Mimi Hasenclever (1937-1963).
Edith/Ethe: die Lebensgefährtin und spätere Ehefrau Walter Hasenclevers; Edith Hasenclever, geb. Schäfer (*1910).

1. An Paul Hasenclever 15.7.1918; e.Br.

Tante Paula] Paula Thier, Schwester von Mathilde Anna Hasenclever.

auf diese Weise persönlich in Verbindung] In seiner Jugend war Paul Hasenclever der Kontakt mit seinem älteren Bruder nach dessen endgültigem Zerwürfnis mit den Eltern im Jahre 1909 vom Vater verboten worden. Erst nach seinem eigenen Auszug aus dem Elternhaus und der Aufnahme eines Studiums der Musikwissenschaft an der Bonner Universität im April 1918 kam es zur Wiederannäherung des Brüderpaares.

Eine Ursache dieser familiären Probleme war Carl Georg Hasenclevers autoritärer Erziehungsstil, der sich gegenüber seinem Erstgeborenen durch besondere Brutalität und seelische Grausamkeit ausgezeichnet haben soll, während er mit den Nachgeborenen Paul und Marita nachsichtiger verfahren sei. Diese repressive Erziehung wurde durch seine starke Abneigung gegenüber allem Modernen, besonders innerhalb der Kunst, verstärkt, die ein völliges Verbot einer Beschäftigung mit Theater oder zeitgenössischer Literatur im Hause Hasenclever bewirkte. So habe der Mediziner auch oft versucht, auf die Themenwahl des Schulunterrichts Einfluß zu nehmen. Nach Aussagen Edith Hasenclevers beruhen die von W. H. im ersten Akt / zweite Szene des Dramas »Der Sohn« geschilderten brutalen Erziehungsmaßnahmen des Vaters auf Tatsachen. 1908 schickte der Vater seinen Sohn Walter nach dessen Abitur nach Oxford, wo sich dieser durch ein Studium der englischen Sprache und den Besuch juristischer Seminare auf die für ihn vorgesehene Diplomatenlaufbahn vorbereiten sollte. Für das Wintersemester 1908/09 veranlaßte er einen Wechsel des Studienortes, da ihm die von seinem Sohn in England geführte Lebensweise als zu freizügig erschien. Im schweizerischen Lausanne, wo er seinen Sohn dann für den Studiengang der Rechtswissenschaften einschreiben ließ, unterstellte er ihn der Aufsicht eines Fachkollegen, der seine autoritären Erziehungsvorstellungen teilte. Nachdem W. H. in einer nächtlichen Flucht mit dem Freund Hans Laut Lausanne verlassen hatte und in Leipzig gegen den Willen des Vaters ein geisteswissenschaftliches Studium aufnahm, begannen jahrelange Streitigkeiten wegen der vom Elternhaus zu leistenden Unterhaltszahlungen. Mehrmals waren Interventionen der Familie und besonders der Großmutter mütterlicherseits, Helene Mathilde Reiss, notwendig, um einen skandalträchtigen Rechtsstreit abzuwenden. Den persönlichen Kontakt mit seinen Eltern hatte W. H. bereits während seiner Studienzeit in England abgebrochen, weshalb er während späterer Besuche in seiner Heimatstadt ausschließlich im Hause der Großeltern Reiss bzw. bei Freunden wohnte, wo er bereits während seiner Jugendzeit oftmals Unterschlupf gefunden hatte.

Die Beziehung zwischen W. H. und seiner Mutter, Mathilde Anna Hasenclever, war nicht minder problematisch. Während ihrer Schwangerschaft mit ihrem Erstgeborenen erlitt sie eine Schwangerschaftspsychose, die einen längeren Aufenthalt in einem Dürener Nervensanatorium notwendig machte. Diese Erkrankung soll nach Aussagen des Hausarztes der Familie die Ursache dafür gewesen sein, daß sie nach der Geburt ihres Sohnes jegliches Interesse an diesem verloren habe. Seine Pflege und Erziehung überließ sie mehrmals wechselnden Gouvernanten, die den repressiven Erziehungsstil des Vaters im wesentlich mitpraktizierten. Ihre Beziehung zu W. H. soll von unüberwindlicher Gefühlskälte bestimmt gewesen sein.

der Vortrag] Bedingt durch seinen wachsenden Bekanntheitsgrad als Lyriker und Dramatiker führte W. H. immer ausgedehntere Vortragstourneen durch, die ihn nach Kriegsende auch weit über die deutschen Grenzen hinausführen sollten.

bei Thiers in Aachen] D. i. die Familie von Paula Thier.

»Antigone«] W. H. hatte für diese am pazifistischen Ideal orientierte Tragödie 1917 den Kleist-Preis erhalten.

2. An Paul Hasenclever 24.8.1918; e.Br.

zu Hause] W. H. bewohnt zu dieser Zeit gemeinsam mit Oskar Kokoschka und dem Dichter Ivar von Lücken die erste Etage der Pension »Felsenburg« auf dem Weißen Hirsch in Dresden.

man kann arbeiten] Im Juli hat er sein Schauspiel »Die Menschen« vollendet und widmet sich nun verstärkt seiner feuilletonistischen Arbeit.

die Felsenburg] Die Pension »Felsenburg« hatte sich zu diesem Zeitpunkt bereits zu einem beliebten Treffpunkt – nicht nur der Dresdner – Avantgarde entwickelt. Weitere Stammgäste, die ihrerseits zahlreiche Besucher etwa aus ihren Berliner Freundes- und Bekanntenkreisen anlockten, waren u. a. der Schauspieler Ernst Deutsch, der Publizist Kurt Pinthus sowie der Schriftsteller Rudolf Leonhard. Oskar Kokoschka hat in mehreren Gemälden versucht, die eigentümliche Atmosphäre dieses »Musenquartiers« (Georg Zivier) darzustellen.

3. An Paul Hasenclever 2.11.1918; e.Br.

Liebknecht [...] bei der Rückkehr] Wegen einer Anti-Kriegsdemonstration war der SPD-Reichstagsabgeordnete und Mitgründer des »Spartakusbundes« am 1. Mai 1916 auf dem Potsdamer Platz verhaftet und zu vier Jahren und einem Monat Zuchthaus verurteilt worden.

Seit 4 Wochen] Am 3. Oktober hatte der neue Reichskanzler und Befürworter eines Versöhnungsfriedens, Prinz Max von Baden, ein Waffenstillstandsangebot an den US-Präsidenten Woodrow Wilson gerichtet.

Herr Ludendorff »dankt« ab] Der Generalquartiermeister Erich Ludendorff, der sich in der Schlußphase des Ersten Weltkrieges als die maßgebliche Kraft der deutschen Politik etabliert hatte, war am 26. Oktober aus der Obersten Heeresleitung entlassen worden.

Herr von Hohenzollern geht in Pension] Am 9. November verkündete Reichskanzler Prinz Max von Baden die schon länger erwartete Abdankung Kaiser Wilhelms II., die er mit seinem eigenen Rücktritt verband.

Großpapa] D. i. der Kommerzienrat Alfred Reiss.

Onkel Justus] D. i. Justus Reiss.

Musik zur Antigone] Paul Hasenclever schuf für W. H.s im Frühjahr 1917 vollendetes pazifistisches Drama »Antigone« eine opulente Orchestermusik, die jedoch niemals aufgeführt wurde.

Antigone wird [...] gleichzeitig] Die Uraufführung fand erst am 20. Februar 1919 im Schauspielhaus Frankfurt am Main unter der Regie Richard Weicherts statt.

beschissenen Haucks] Gemeint ist die Frankfurter Bankiersfamilie Hauck, mit der die Hasenclevers verwandtschaftlich verbunden sind.

Kritiken [...] über »Die Menschen«] W. H.s Drama »Die Menschen« wurde im Herbst als Buch veröffentlicht. Die Uraufführung fand erst am 15. Mai 1920 in den Kammerspielen des Deutschen Landestheaters in Prag unter der Regie von Hans Demetz statt.

Annie und Marita] Gemeint sind die Mutter Mathilde Anna sowie die Schwester Marita Hasenclever.

4. An Paul Hasenclever; e.Kt.

5. An Paul Hasenclever 27.12.1918; mschr.Br.

durch die Ereignisse festgehalten] Im November wurde W. H. in Berlin vom Ausbruch der Revolution überrascht und beteiligte sich voll kurzzeitig aufflackerndem gesellschaftspolitischen Optimismus an den Aktivitäten seiner Freunde Oskar Kokoschka und Albert Ehrenstein. Ein Resultat dieser Bemühungen ist die Flugschrift »An alle Künstler«, für deren Zustandekommen außer W. H. auch Johannes R. Becher, Paul Zech, vor allem aber Ludwig Meidner verantwortlich ist.

habe mich geweigert] W. H. revolutionäres Engagement verebbte nach einer kurzen Phase der Euphorie. Noch im November zog sich der durch seine Lyrik und das Drama »Der Sohn« als politischer Dichter berühmt gewordene Autor von jeglicher umstürzlerischen Aktivität zurück und verweigerte den tonangebenden linkspolitischen Gruppen kategorisch die mehrfach erbetene Zusammenarbeit; W. H.s politischer Skeptizismus und die Prägung durch seine großbürgerliche Herkunft hatten sich durchgesetzt.

Worte über Kokoschkas Ausstellung] Sein Berlin-Aufenthalt hatte ursprünglich einer Ausstellung Oskar Kokoschkas gegolten, die am 9. November im Kunstsalon Paul Cassirer eröffnet wurde.

»Sohn« in den Kammerspielen] Plötzlich von allen Beschränkungen durch die Zensur befreit, konnte das Drama »Der Sohn« am 22. November in den Kammerspielen des Deutschen Theaters unter der Regie Erwin von Busses erstmals öffentlich aufgeführt werden. Die Inszenierung geriet zu einem grandiosen Erfolg und wurde ein ideologisch wichtiges Element der Revolution, da man das Drama als literarisch-theatralischen Ausdruck dessen erkannte, was die nun entfesselte junge Generation empfand.

eine neue Arbeit] Diese führte zum Drama »Die Entscheidung« (1919), mit dem W. H. seine kategorische Abkehr vom politischen Idealismus dokumentieren und das für ihn in der Öffentlichkeit gebrauchte Schlagwort vom »politischen Dichter« entkräften wollte.

Deiner Musik] Gemeint ist die letztlich niemals aufgeführte Orchestermusik zum Drama »Antigone«.

Putsch gegen die Familie Hauck] Ironische Anspielung auf den Wohlstand der mit den Hasenclevers verwandten Frankfurter Bankiersfamilie.

auf der Felsenburg] D. i. die Dresdner Pension »Felsenburg«; s. A.-2.

bei der »Mutter«] D. i. die Wirtin der Pension »Felsenburg«, »Mutter« Nachtwey.

Schulden bei Cassirer] Seit Anfang 1917 stand W. H. beim Verleger und Kunsthändler Paul Cassirer unter Generalvertrag.

6. An Paul Hasenclever 26.1.1919; e.Br.

Antigone-Musik] s.A.-3.

[...]] altgriechisches Zitat; Einer sei König.

Einliegenden Brief] Der Leiter des Cassirer-Verlages drückte darin Vorbehalte gegen die Aufführung der »Antigone«-Musik aus.

Brief von Weichert] Der Regisseur Richard Weichert plädierte zugunsten von Paul Hasenclevers Komposition und wollte sie in der von ihm vorbereiteten Uraufführung des »Antigone«-Dramas verwenden.

unverantwortlich vom Alten] Ihr Vater Carl Georg Hasenclever hatte mit der Einstellung der von ihm an seine Söhne geleisteten Unterhaltszahlungen gedroht.

mehr Schuld als sie] Gemeint ist die konfliktreiche Beziehung der Söhne zu ihren Etern.

ihren Irrsinn] Anspielung auf den labilen Gemütszustand der Mutter, der während ihrer Schwangerschaft bereits einen längeren Aufenthalt in einem Nervensanatorium bewirkt hatte.

mein Stück] Gemeint ist das Drama »Der Sohn«.

habe ich jetzt reichlich] Der unerwartet eingetretene große Erfolg seines Dramas »Der Sohn« sowohl auf der Bühne als auch in Buchform hatte W. H. endgültig von finanziellen Zuwendungen der Familie unabhängig gemacht.

von der Großmama ein kleines Kapital] Seine 1917 verstorbene Großmutter Helene Mathilde Reiss hatte ihm ein Erbe in Höhe von 80.000 Mark vermacht, über das er jedoch erst an seinem 34. Geburtstag frei verfügen konnte.

ihre weiland Schwester] D. i. ihre Mutter Mathilde Anna Hasenclever.

Irrenhaus Hochforst] »Haus Hochforst« ist der Name der 1901 in Aachen erbauten elterlichen Villa.

Musik in Frankfurt] Gemeint ist Paul Hasenclevers »Antigone«-Musik, die bei der Uraufführung des Dramas Verwendung finden sollte.

7. An Paul Hasenclever 12.2.1919; e.Br.

szenischen Teil der Musik] Gemeint ist Paul Hasenclevers »Antigone«-Musik; s.A.-3

von Gott gestraft] Siehe Brief 8.

8. An Paul Hasenclever 13.3.1919; mschr.Br.

die Aufführung] Gemeint ist die Uraufführung des Dramas »Antigone«.

wo ich doch selber mit spielte] Siehe Brief 5.

den beifolgenden Brief] Nicht erhalten.

Deine Musik] D. i. Paul Hasenclevers »Antigone«-Musik; s.A.-3.

Berliner Aufführung] »Antigone« sollte schließlich erst im April 1920 an den Berliner Rheinhard-Bühnen premieren, und zwar am 18. April im Großen Schauspielhaus unter der Regie von Karl-Heinz Martin; s.A.-9.

diesem Plane] Gemeint ist die gemeinsame Aufführung des »Antigone«-Dramas mit der gleichnamigen, von Paul Hasenclever komponierten Orchestermusik. Siehe Brief 9.

9. An Paul Hasenclever 24.4.1919; mschr.Br.

einen grossen Krach [...] mein Stück] Gemeint ist die Aufführung des Dramas »Antigone«, die an den Berliner Reinhardt-Bühnen schließlich erst am 18. April 1920 unter der Regie von Karl-Heinz Martin stattfand.

Entscheidung wegen Deiner Musik] Gemeint ist Paul Hasenclevers Orchestermusik zum Drama »Antigone«, deren Aufführung W. H. in Berlin – erfolglos – zu lancieren versuchte.

Musik dem Münchener National-Theater anbieten] Dieser Versuch verlief erfolglos.

»Neue Schaubühne«] Monatsschrift für Bühne und Drama, die zwischen 1919 und 1922 in Dresden unter der Leitung von Hugo Zehder publiziert wurde.

die Premiere] Gemeint ist vermutlich eine projektierte Premiere des Dramas »Antigone«, die jedoch nicht realisiert wurde.

ein neues Stück schreiben] D. i. das antipolitische Schauspiel »Die Entscheidung«, mit dem W. H. bewußt das mit ihm in der Öffentlichkeit verbundene Klischee eines »politischen Dichters« relativieren wollte.

Du mich [...] dort besuchen willst] Paul Hasenclever wird schließlich Ende Juli seinen Bruder auf Sylt treffen. Beide wohnen dort bis zum 1. Dezember und quartieren sich dann in einem Kieler Hotel ein. Während Paul Hasenclever bereits nach kurzer Zeit ins Aachener Elternhaus weiterreist, verbringt W. H. noch einige Monate dort, um sein auf Sylt begonnenes Drama »Jenseits« zu vollenden.

10. An Walter Hasenclever 28.5.1919; mschr.Br.

betreffs] *Nationaltheater*] Dort wurde eine Inszenierung des Dramas »Antigone« vorbereitet, für die W. H. erfolglos die von seinem Bruder komponierte »Antigone«-Musik zu lancieren versuchte.

Berliner Aufführung] D.i. eine nicht mehr 1919 realisierte »Antigone«-Inszenierung an den Reinhardt-Bühnen; s.A.-9.

Sommer auf Sylt] S.A.-9.

betreffs] *Neue Schaubühne*] S.A.-9.

11. An Walter Hasenclever 5.7.1919; mschr.Br.

Antigone-Musik] S.A.-3.

Sammelkritik [...] die »Menschen«] Gemeint ist eine Rezension von W. H.s in Buchform veröffentlichtem Schauspiel »Die Menschen« (1918), dessen Uraufführung erst im Jahre 1920 realisiert werden konnte.

»Strom«] »Der Strom«, 1919-20 in Köln erscheinende Avantgarde-Zeitschrift, »Westdeutsche Monatsschrift«.

12. An Paul Hasenclever 17.7.1919; e.Kt.

möchte ich Dich einladen] Paul Hasenclever folgte dieser Einladung und verbrachte die folgenden Monate bei seinem Bruder auf Sylt.

Eindruck eines starken Erlebnisses] Gemeint ist die komplizierte Liebesbeziehung zur Schauspielerin Roma Bahn, der Ehefrau des Theaterregisseurs Karl-Heinz Martin, die in diesen Monaten beginnt und deren Verwicklungen von W. H. Jahre später in seinem autobiographischen Roman »Irrtum und Leidenschaft« beschrieben werden.

13. An Paul Hasenclever 6.2.1920; e.Kt.

14. An Paul Hasenclever 19.10.1920; mschr.Br.

Mitherausgeber der Zeitschrift »Menschen«] Der Geschäftsführer und künstlerische Leiter der Dresdner Zeitschrift »Menschen«, Heinar Schilling, bot W. H. im

Herbst 1920 die Position eines Mitherausgebers an. Im Oktober 1920 nahm W. H. seine Tätigkeit mit der Herausgabe des dritten Jahrgangs (vier Hefte) auf. Von Januar bis Februar 1921 erschienen zwei weitere Hefte des vierten Jahrgangs, für die W. H. neben Schilling als verantwortlicher Herausgeber genannt wird. In einem Prolog, den W. H. dem dritten Jahrgang voranstellte, betont er seine radikale Absage gegenüber politischen Zielsetzungen und proklamiert eine bewußt antirationale Programmatik. Als es schließlich zu persönlichen Konflikten mit Schilling kam, gab W. H. seine Funktion kurzentschlossen wieder auf. Schilling vereinigte daraufhin seine Zeitschrift im Mai 1921 mit Iwan Golls Pariser Periodikum »Clarté«.

ein Häuschen kaufe] Nicht realisiert.

eine Bühne gründe] Wurde nicht realisiert, da es W. H. nicht gelang, den Regisseur Richard Weichert zur Teilnahme an diesem Projekt zu gewinnen, was potentielle Geldgeber dieses Projektes zur Bedingung gemacht hatten. Für kurze Zeit war W. H. dann in einem selbstverwalteten »Schauspieler-Theater« tätig.

Dein Sonderheft] D. i. das zu Jahresbeginn 1921 erscheinende »Menschen«-Sonderheft »Tonkunst«.

15. An Paul Hasenclever 29.4.1921; e.Br.

Poldi] D. i. Ernst Deutsch.

meist als »Sohn«] Mit der Verkörperung der Titelrolle aus W. H.s Drama »Der Sohn« gelang Ernst Deutsch 1916 der Durchbruch in seiner Schauspieler-Karriere.

Hochforst] D.i. die elterliche Villa in Aachen.

Felsenburg] Name der Dresdner Pension, in der W. H. und sein Freundeskreis häufig logierten.

Oskar] Oskar Kokoschka.

die Lithos] Kokoschka hatte 1918 zwei Porträtzeichnungen von W. H. angefertigt, von denen Lithographien hergestellt wurden.

zum 8. Juli] D. i. W. H.s Geburtstag.

16. An Paul Hasenclever 17.8.1921; e.Br.

17. An Paul Hasenclever 21.8.1921; mschr.Br.

18. An Walter Hasenclever 22.8.1921; e.Br.

19. An Paul Hasenclever [2.9.1921]; e.Kt.

Parzifalklängen] Gemeint ist Richard Wagners Oper »Parsifal«.

Occupation-Army] Seit dem 6. Dezember 1918 waren Köln und Bonn von der britischen Armee besetzt.

20. An Paul Hasenclever [17.9.1921]; e.Kt.

seine Schwiegertochter] D. i. Paul Hasenclevers Frau Mimi, die er 1919 während seines gemeinsam mit W. H. verlebten Sylt-Aufenthaltes kennengelernt hatte.

21. An Paul Hasenclever 25.6.1922; e.Br.

6 Monate in seinem Haus gewohnt] Ab Juni 1921 lebte W. H. für einige Monate bei seinem Schulfreund Hans Laut in Köln-Rodenkirchen. Hier verfaßte er sein Drama »Gobseck«. Diesem ausgedehnten Besuch sollten später weitere folgen.

Alice] D. i. die Schauspielerin Alice Verden.

Ermordung Rathenaus] Am 24. Juni wurde der Reichsaußenminister Walther Rathenau in Berlin auf dem Weg zum Auswärtigen Amt von Mitgliedern der rechtsradikalen Organisation Consul erschossen. Der Mord war ein Höhepunkt in einer Serie von Attentaten gegen Vertreter der Weimarer Republik.

22. An Paul und Mimi Hasenclever [6.7.1922]; e.Kt.
Euer Geschenk] Anläßlich seines Geburtstages am 8. Juli.
Ich mache zeitweise 8=Stunden Tag] Nach der mißratenen Uraufführung seines Dramas »Gobseck« im Januar 1922 nahm W. H. auf Anraten seines Freundes Kurt Pinthus vorerst Abstand von jeder weiteren dramatischen Produktion und widmete sich intensiv dem Werk des schwedischen Mystikers Emanuel Swedenborg. Er übersetzte eine Auswahl von dessen philosophischen Schriften neu, die er 1925 unter dem Titel »Emanuel Swedenborg: Himmel, Hölle, Geisterwelt« im Berliner Schmiede-Verlag publizierte.

23. An Paul Hasenclever [August 1922]; e.Br.
Tilly's Land] Anspielung auf den katholischen Feldherrn Graf Johann von Tilly (1559-1632) und ihre überwiegend katholische Heimatstadt Aachen.

24. An Walter Hasenclever 22.8.1922; e.Br.
Dein Buch] Gemeint ist das im Entstehen befindliche Werk »Emanuel Swedenborg: Himmel, Hölle, Geisterwelt«.
Gretha] D. i. die Schauspielerin Greta Schröder-Wegener, die W. H.s Arbeit am Swedenborg-Buch gemeinsam mit ihrem Mann, dem Schauspieler Paul Wegener, unterstützt.

25. An Paul Hasenclever 26.1.1923; e.Br.
Beifolgenden Brief] Nicht erhalten.

26. An Paul Hasenclever 14.1.1925; e.Kt.
Ich heirate] Seit Oktober 1924 hielt sich W. H. als Korrespondent des Berliner »8-Uhr-Abendblatts« in Pa-

ris auf, wo er für das Berliner Antiquariat des Verlegers Ernst Rowohlt ausgewählte französische Bücher erwarb. Unterstützt wurde er hierbei – auf Rowohlts Wunsch – von der 1895 in Lausanne geborenen Kunsthändlerin Agnes Emma Elisabeth Turel, eine Schwester des Schweizer Schriftstellers Adrian Turel. Obwohl sich beide erst wenige Wochen kannten, heirateten sie am 12. Februar 1925. Wegen unüberwindbarer Differenzen leitete W. H. aber bereits im Dezember wieder die Scheidung ein.

27. An Paul Hasenclever 13.2.1925; e.Kt.

seit gestern verheiratet] Siehe Brief 26.

28. An Paul Hasenclever [27.6.1925]; e.Kt.

Mein neues Stück] D. i. das Drama »Mord«.

Die Ehe] Siehe Brief 26.

29. An Paul Hasenclever 16.7.1926; e.Br.

die Berufsknechtschaft] Paul Hasenclever arbeitete in mehrmals wechselnden Stellungen in verschiedenen Verlagshäusern.

genau sieben Jahre her] Spielt auf ihren gemeinsamen Sylt-Aufenthalt im Jahre 1919 an.

30. An Paul Hasenclever 18.1.1927; mschr.Br.

Frankfurter Aufführung] Gemeint ist die von Publikum und Kritik abgelehnte Uraufführung der Komödie »Ein besserer Herr« am 12.1.1927 im Frankfurter Schauspielhaus unter der Regie Richard Weicherts.

Jessner unter seiner Regie] Wegen des Frankfurter Mißerfolges trat Leopold Jessner von dieser Vereinbarung aber schließlich zurück und überließ die Inszenierung Heinz Hilpert, der das Stück zu einem der größten Bühnenerfolg der 20er Jahre machte.

meinen Prosaversuchen] Dies ist u. a. der Prosatext »Francis«, veröffentlicht am 19.10.1928 in der Zeitschrift »Die literarische Welt«.

wir werden uns freuen] Damit meint W. H. sich und seine Schwester Marita, die seit Juli 1925 als seine Privatsekretärin in Paris lebt.

Mimi und das brave Kind] Dies sind Mimi und Ellen Hasenclever.

31. An Walter Hasenclever 21.1.1928; mschr.Br.

das reaktionäre Schulkompromiß vom 12. ds.] Das Verhältnis von Staat, Kirche und Schule gehörte zu den heftig diskutierten Themen der Weimarer Republik. Im Februar 1928 zerbrach die Regierungskoalition an dieser Frage.

neuen Komödie] D. i. die Komödie »Kulissen«.

32. An Paul Hasenclever 30.1.1928; e.Kt.

habe noch mancherlei Schmerzen] Auf dem Weg zum Briefkasten war W. H. im Oktober 1927 in Paris von einem Auto angefahren und am Bein verletzt worden. Wegen dieser Verletzung mußte die ursprünglich für Januar in Berlin vorgesehene Uraufführung der Komödie »Kulissen« erst verschoben und schließlich ganz abgesagt werden, da sich W. H. in ihr – neben Ernst Deutsch und Paul Graetz – unbedingt selbst spielen wollte.

Charité] Zu dieser Zeit renommiertestes Berliner Krankenhaus.

»Kulissen«, ist aber verschoben] Zu W. H.s Lebzeiten kam es nicht mehr zur Uraufführung. Sie fand erst im Dezember 1989 am Aachener Grenzlandtheater unter der Regie Karl-Heinz Walthers statt.

33. An Paul Hasenclever [Oktober 1932]; e.Kt.

fahre in Wolffs Auto] W. H. hatte sich dem Ehepaar Kurt und Helene Wolff angeschlossen, das eine mehrwöchige Nordafrikareise unternahm.

in der Synagoge für Deutschland gebetet] Anspielung auf den wachsenden politischen Einfluß der Nationalsozialisten.

34. An Paul Hasenclever [27.4.1933]; e.Kt.

schwierige Wirtschaftslage] Ungeachtet der weltweiten Wirtschaftskrise und der besonders in Deutschland erlittenen Rezession verfügte W. H. 1933 über ein ansehnliches Vermögen, das er – auf Anraten Kurt Wolffs – noch rechtzeitig vor der ›Machtergreifung‹ der Nationalsozialisten ins Ausland transferiert hatte.

Euch drei] Dies sind Paul, Mimi und Ellen Hasenclever.

35. An Walter Hasenclever 6.5.1933; mschr.Br.

auf dem Trockenen sehen] Paul Hasenclever war nicht in die Vermögensverhältnisse seines Bruder eingeweiht; s.A.-34.

Propyläen-Verlag] W. H. stand bei diesem, dem Ullstein-Konzern zugehörigen Verlag für seine Buchpublikationen unter Generalvertrag.

»18. Brumaire des Louis Bonaparte«] Aufsatz von Karl Marx 1852.

»Société du 10. Decembre«] Nachdem Louis Napoleon am 2.12.1851 durch einen blutigen Staatsstreich das französische Parlament entmachtet hatte, ließ er sich, gestützt auf eine allgemeine Volksabstimmung, am 2.12.1852 zum Kaiser Napoleon III. ausrufen. Die »Société« war eine Sammlungsbewegung von Sympathisanten, die zum Erfolg der Volksabstimmung wesentlich beitrug.

oberitalienische Abenteuer] Den erfolgreichen italienischen Befreiungskampf gegen Österreich im Jahre 1859 konnte Frankreich zur Ausweitung seines eigenen Staatsgebietes nutzen. Im Frieden von Zürich wurde Frankreich – wegen seiner Waffenhilfe für die italienische Seite – die Regionen Nizza und Savoyen zugesprochen.

deutsche Abenteuer] Gemeint ist der deutsch-französische Krieg von 1870, durch den der französische Kaiser Napoleon III. die deutsche Einigung und damit den Machtzuwachs Preußens erfolglos zu verhindern hoffte.

Kanossagang gegenüber Polen] Pilsudski ließ es 1932 und 1933 in Danzig auf einen Zwischenfall ankommen, der zum militärischen Konflikt mit dem Deutschen Reich führen konnte. Am 2. Mai 1933 ließ er in Berlin wegen deutscher Revisionsabsichten in scharfer Form rückfragen, worauf Hitler sowohl unmittelbar wie auch in seiner Friedensrede vom 17. Mai beschwichtigend antwortete.

den nachgemachten Bonaparte] Gemeint ist Adolf Hitler.

1. Mai [...] UNSEREM Feiertage] Der 1. Mai ist traditionell der Tag der Arbeit, der im Nationalsozialismus im Sinne des NS-Regimes mißbraucht wurde.

UNSEREM Lied] Gemeint ist vermutlich das sozialistische Kampflied »Die Internationale«.

8. März] Nur drei Tage zuvor hatte die NSDAP bei den Wahlen zum achten deutschen Reichstag ihr Ziel der absoluten Mehrheit verfehlt.

eine gewisse Fahne] Gemeint ist die nationalsozialistische Hakenkreuzfahne.

Ultra posse nemo obligatur] lat.; Über sein Können hinaus ist niemand verpflichtet.

Eure Tafelrunde] Gemeint ist W. H. Freundeskreis ebenfalls nach Frankreich emigrierter deutscher Intellektueller wie die sich ebenfalls an der Côte d'Azur aufhaltenden Kurt Wolff und René Schickele.

36. An Paul Hasenclever 11.5.1933; e.Br.

»Die Entscheidung« [...] in Berlin prompt durchgefallen] Publikum und Kritik hatten besonders auf W. H.s vehementen Widerruf seines auf der Bühne einst durch das Drama »Der Sohn« bekannt gewordenen gesellschaftspolitischen Anspruch reagiert.

Mommsenanregung] Bezieht sich auf die Empfehlung, sich mit der mehrbändigen Darstellung der römischen Geschichte des Historikers Theodor Mommsen (1901 Nobelpreis für Literatur) auseinanderzusetzen.

aktuelle Bühne mir jetzt verschlossen] W. H. zählte 1933 zu den ersten Autoren und Bühnendichtern, deren Werke im nationalsozialistischen Deutschland verboten wurden.

Rückkehr zur Dichtung] Als Konsequenz dieses Gedankens verfaßte W. H. in den Folgemonaten das Theaterstück »Münchhausen«, dessen Handlung an der historischen Person des Freiherrn von Münchhausen orientiert ist. Obwohl es sich bei diesem Drama um das künstlerisch ausgereifteste Schauspiel seines Oeuvres handelt, ließ sich zu seinen Lebzeiten keine Uraufführung realisieren.

unverrückbaren Weltanschauung] Paul Hasenclever zog sich bereits in den 20er Jahren nach Westerland ins Privatleben zurück, wo er eine Existenz im Sinne der Philosophie Schopenhauers zu führen versuchte.

unserer Westerländer Zeit] Im Spätsommer 1919 lebte das Brüderpaar für einige Monate gemeinsam auf der Insel Sylt, wo Paul Hasenclever seine spätere Ehefrau Mimi kennenlernte. W. H. vollendete während dieser Zeit seine Komödie »Die Entscheidung« und begann mit der Arbeit am Drama »Jenseits«.

37. An Paul Hasenclever 16.6.1933; e.Br.

meinem neuen Drama] D. i. das Schauspiel »Münchhausen«; s.A.-36.

»très honoré Monsieur le docteur«] Gemeint ist ihr Vater Carl Georg Hasenclever.

Hochforst] D. i. die elterliche Villa Haus Hochforst in Aachen.

38. An Walter Hasenclever 18.6.1933; mschr.Br.

der Mommsen] Gemeint ist die zweibändige »Römische Geschichte« des Historikers Theodor Mommsen, die W. H. auf Empfehlung seines Bruder studierte.

39. An Walter Hasenclever 7. 12.1933; mschr.Br.

The year [...] Das Jahr, / o Walt, / ruhet bald, / und Weihnachtslieder versuchen laut zu werden. / Sie tönen: Geh' voran! Beende deine Ohnmacht! / Werde nicht zu menschenfeindlichem Eis! // Diese Schlechtigkeit, recht absurd erscheinend, / wird sich einen Tag selbst ersticken / und ein Druckmittel sein, stärker schüren / als Ehrlichkeiten, die bloß bleiben. – // Fröhliche Weihnachten dann, alter Junge! / Die Zeiten sind nun fröhlich, wenn überhaupt ... / Grüße von uns an den Juden und Goi! // In alter Verbundenheit! Ellen, Mimi, Paul.

40. An Paul Hasenclever 22.12.1933; e.Kt.

41. An Walter Hasenclever 14.12.1934; mschr.Br.

Fratello [...] Bruder mein! / Dies Mal / begierig, kundig, eingedenk / teilhaftig, mächtig, voll / des Italienischen. (Während es aufgelöst ist) // Gehen wir von Pol zu Pol / Frohe Weihnacht', gutes neues Jahr. Stol- / pere nicht! Was überdauert, siegt. / Die Scheiße soll verrekken.

42. An Paul Hasenclever 17.12.1934; e.Kt.

bei der braven Marita [...] treffen] Marita Hasenclever, verheiratete Kühn, lebte mit ihrem Mann nahe dem jugoslawischen Städtchen Sipanska Luka auf der jugoslawischen Insel Sipan vor Dubrovnik. Dort verbrachte W. H. ab Mai 1935 einige Monate gemeinsam mit seiner Gefährtin Edith Schäfer (spätere Hasenclever). Zum geplanten Zusammentreffen mit der Familie seines Bruders kam es jedoch nicht.

potiri] lat.; sich bemächtigen; im Besitz der Macht sein.

très honoré monsieur le docteur im Paradies] Gemeint ist ihr wenige Monate zuvor gestorbener Vater Carl Georg Hasenclever.

43. An Walter Hasenclever 20.12.1934; e.Kt.

44. An Walter Hasenclever [24.12.1935]; mschr.Br.

Jeg faar [...] Wie unsre Schwester mir berichtet / bist Du in London zum Advent. / Dies Jahr wirst *dänisch* Du bedichtet.– / (Jetzt dreht das Rad sich permanent! / Jetzt zeigt Achilles wunde Stellen!) – / Es grüßen *Mimi*, *Paul* und *Ellen*.

45. An Walter Hasenclever 3.1.1936; e.Kt.

46. An Walter Hasenclever 9.2.1936; mschr.Br.

den Burckhardt lesen] Gemeint ist ein Werk des Kulturhistorikers Jacob Burckhardt, seine »Weltegeschichtliche Betrachtungen« (1905); s.A.-70.

abessinische Sonderkonjunktürchen] Anspielung auf den 1935 vom faschistischen Italien gegen das Kaiserreich Äthiopien (Abessinien) geführten Krieg. Die Besetzung des in Ostafrika liegenden Staates war ein wesentlicher Markstein in der imperialistischen Politik Benito Mussolinis, die die Herrschaft über das adriatische Meer (»Mare nostro«) anstrebte.

unsere Primadonna] Gemeint ist Adolf Hitler.

47. An Paul Hasenclever 19.10.1936; e.Kt.

Ich habe London [...] aufgegeben] Im Herbst 1935 hatte W. H. gemeinsam mit dem befreundeten Ehepaar Gerda und Reinhold Schairer ein Haus im Londoner Stadtteil Golders Green angemietet. Aufgrund persönlicher Differenzen und aus gesundheitlichen Gründen gab er dieses Quartier im April 1936 wieder auf und siedelte sich – nach einer kurzen Zwischenstation in Südfrankreich – mit seiner Gefährtin Edith Schäfer im italienischen Lastra a Signa, nahe Florenz, an. Durch die Vermittlung seines Freundes Kurt Wolff erwarb er dort ein kleines Landgut, auf dem er bis April 1938 ein ruhiges und zurückgezogenes Leben führte.

Unsere teure Mutter [...] die neue Rate bezahlt] Mathilde Anna Hasenclever unterstützte ihre Kinder mit einer monatlichen Zuwendung, die W. H. bis ins Jahr 1940 hinein – ungeachtet seiner zwischenzeitlichen Ausbürgerung – von Deutschland aus an seinem jeweiligen Exilort ungehindert erreichte.

Auhäuser] Münchener Bankhaus.

48. An Walter Hasenclever 23.10.1936; mschr.Br.

die erhöhung] Die Brüder Hasenclever bedrängten ihre Mutter regelmäßig und unter Zuhilfenahme oft haarsträubend falscher Angaben über ihre tatsächlichen Vermögensverhältnisse zur Erhöhung der von ihr monatlich gewährten Finanzhilfe.

Hochforst] D. i. die elterliche Villa Haus Hochforst in Aachen.

49. An Paul Hasenclever 26.7.1937; mschr.Kt.

des Grabens [...] unkundig] Auf seinem italienischen Domizil befaßte sich W. H. vornehmlich mit Feldarbeit und Gartenbau. Nebenbei arbeitete er an seinem autobiographischen Roman »Irrtum und Leidenschaft«.

grundgütigen Vaters] Sarkastische Anspielung auf die während seiner Kindheit vom Vater her gewohnten Brutalitäten; s.A.-1.

kapituliert hat] Gemeint ist die abermalige Erhöhung der ihren Kindern gewährten finanziellen Unterstützung.

jedes Reisskorn] Anspielung auf den Mädchennamen ihrer Mutter: Reiss.

50. An Walter Hasenclever 18.9.1937; e.Kt.

Lauber'n nur ungünstig gestimmt] Der Aachener Rechtsanwalt Lauber war seit dem Tode Carl Georg Hasenclevers von Mathilde Anna Hasenclever als Vermögensverwalter eingesetzt worden.

51. An Walter Hasenclever 18.12.1937; e.Br.

fein kleins Büchelein] Gemeint ist eine Abhandlung über Karl Marx.

Ver-Führer] Anspielung auf Adolf Hitler.

52. An Paul Hasenclever 31.12.1937; e.Kt.

53. An Walter Hasenclever 15.1.1938; mschr.Br.

»herbe« schwester] Zwischen den Brüdern Hasenclever und ihrer Schwester Marita kam es häufig zu Reibereien, die sich meist um finanzielle Fragen drehten.

wissenschaftlich begründeten weltanschauung] Anspielung auf seine Affinität zum Werk Schopenhauers.

Von dem buch] Gemeint ist eine Abhandlung über Karl Marx.

der geistesriese] Gemeint ist Karl Marx.
Der freund jenes geistesriesen] Gemeint ist Friedrich Engels.

54. An Walter Hasenclever 2.4.1938; e.Kt.

55. An Walter Hasenclever 25.4.1938; e.Kt.

56. An Paul Hasenclevcer 14.5.1938; e.Kt.
Inzwischen ist es mir nicht gut ergangen] Am Vormittag des 28. April wurde W. H. am Strand von Marina di Massa verhaftet. Dies geschah im Kontext einer umfangreichen Verhaftungswelle anläßlich des Staatsbesuches von Adolf Hitler in Italien (3.-9.5.1938), der etwa 500 als potentiell gefährlich eingestufte Emigranten zum Opfer fielen. W. H. wurde in die als Gefängnis dienende Festung von Massa gebracht, dort unter menschenunwürdigen Bedingungen in Einzelhaft gehalten, und erst am 8. Mai wieder entlassen.
des »nicht erfreulichen«] Gemeint ist Paul Hasenclevers Karte vom 15.1.38.

57. An Walter Hasenclever 22.5.1938; mschr.Br.
unregelmäßigen Verben] Anspielung auf W. H.s zeitweilige Internierung in der Festung von Massa; s.A.-56.

58. An Paul Hasenclever 11.6.1938; e.Kt.
»unregelmäßigen Verben«] Anspielung auf W. H.s zeitweilige Internierung in der Festung von Massa; s.A.-56.
mittelalterlichen Zustände] Bezieht sich auf die menschenunwürdige Art seiner Unterbringung in der Festung von Massa; s.A.-56.
klassischen Dichter] Gemeint sind u.a. Karl Marx und Friedrich Engels; siehe Brief 53.

59. An Walter Hasenclever 14.6.1938; mschr.Br.

unerfeulichen erlebnis] Gemeint ist W. H.s zeitweilige Internierung in der Festung von Massa; s.A.-56.

unheimlichen Klassiker] Gemeint sind u. a. Karl Marx und Friedrich Engels; siehe Brief 53.

ein maulwurf, der bei einem anderen zu besuch war] Gemeint ist Adolf Hitlers Besuch beim italienischen »Duce« Benito Mussolini, aus dessen Anlaß W. H. verhaftet und zeitweilig interniert worden war; s.A.-56.

eine feldmaus] Gemeint ist W. H.

60. An Paul Hasenclever 17.6.1938; e.Kt.

mein Sperrkonto] Auf dieses beim Frankfurter Bankhaus Hauck geführte Konto überwies Mathilde Anna Hasenclever ihrem Sohn eine monatliche finanzielle Zuwendung. Diese konnte nicht in beliebiger Höhe ins Ausland transferiert werden.

Hauck] Gemeint ist der Frankfurter Bankier und Hasenclever-Verwandte Alexander Hauck.

61. An Walter Hasenclever 24.6.1938; mschr.Br.

dich alsdann besuchen] Nicht realisiert. W. H. hat keinen seiner Familienangehörigen je wiedergesehen.

62. An Paul Hasenclever 29.8.1938; e.Kt.

zur Prosa gelangt] D. i. die 1934 begonnene Arbeit an seinem Roman »Irrtum und Leidenschaft«.

très honoré Monsieur le Docteur] D. i. ihr 1934 verstorbener Vater Carl Georg Hasenclever.

ein Stück Sonnenheimat verloren] Nach seiner Freilassung aus der Festung von Massa reiste W. H. nach London, wo er sich mit Hilfe englischer Freunde erfolgreich um die britische und die französische Aufenthaltsgenehmigung bemühte. Seine Gefährtin Edith Schäfer organisierte in dieser Zeit den Verkauf des italienischen Landgutes, da eine dauerhafte Rückkehr in das faschistische Italien undenkbar schien.

Ethe gewonnen] W. H. lebte bereits seit Ostern 1934 mit Edith Schäfer zusammen.

werde wohl hier aufs Land gehen] Nicht realisiert. Statt dessen siedelte W. H. im Herbst nach Südfrankreich über, wo er schließlich in Cagnes sur Mer, nahe Nizza, ein Haus anmietete.

63. An Walter Hasenclever 14.9.1938; mschr.Br.

verlust deiner sonnenheimat] S.A.-62.

die flöte] Gemeint ist ein Geschenk, das W. H. der Familie seines Bruder gesandt hatte.

die »gewehtlage« immer mulmiger] Anspielung auf die von Deutschland provozierte »Sudetenkrise«, bei der Hitler einen Teil der Tschechoslowakei für das Deutsche Reich beanspruchte – und es am 29.9.1939 im sogenannten Münchner Abkommen von England und Frankreich auch zugesprochen bekam.

Poldi in New York] Gemeint ist der Schauspieler Ernst Deutsch, der in die US-amerikanische Emigration gegangen war.

64. An Walter Hasenclever 21.12.1938; e.Kt.

während das andere] Gemeint ist das Werk Friedrich Hölderlins.

65. An Paul Hasenclever 27.12.1938; e.Kt.

nach Lastra] Gemeint ist W. H.s italienisches Landhaus, das seine Gefährtin in seinem Auftrag veräußert hatte. Den Verkaufserlös in Höhe von 59.000 Lire schmuggelte sie – in ihrem Koffer versteckt – im November 1938 nach Frankreich.

66. An Walter Hasenclever 31.12.1938; mschr.Br.

dem bestgehaßten mann und seinem freunde] Gemeint sind Karl Marx und Friedrich Engels.

67. An Paul Hasenclever 7.3.1939; e.Kt.

die Jubilarin] Gemeint ist die Mutter Mathilde Anna Hasenclever.

Hochforst] D. i. Haus Hochforst, die elterliche Villa in Aachen.

derem Gatten] D. i. Wolfgang Kühn, zu dem W. H. mittlerweile ein sehr distanziertes Verhältnis hatte.

Madame Mère hat uns […] nicht viel Gutes erwiesen] Spielt auf die problematische Kindheit vor allem W. H.s an; s.A.-1.

Rebus sic santibus] lat.; So, wie die Dinge stehen.

68. An Walter Hasenclever 16.3.1939; mschr.Br.

Hochforst] D.i. Haus Hochforst, die elterliche Villa in Aachen.

geistreichen zitate] Gemeint sind Zitate von Marx und Engels; siehe Brief 53.

schmackhaftesten aller klassikerzitate] Gemeint ist das berühmte Zitat aus Goethes »Götz von Berlichingen«.

69. An Paul Hasenclever 19.3.1939; mschr.Br.

Hochforst] D. i. Haus Hochforst, die elterliche Villa in Aachen.

70. An Walter Hasenclever 26.3.1939; mschr.Br.

des duce del duce] Gemeint ist Adolf Hitler.

im januar 1936] Siehe Brief 46.

71. An Paul Hasenclever 16.7.1939; e.Kt.

der selige Morgenstern] Christian Morgenstern (1871-

1914). Das Zitat stammt aus dem Gedicht ›Die Behörde‹ in der Gedichtsammlung ›Palmström‹ (1912).

Rowobowohlt] Gemeint ist Ernst Rowohlt.

das Fest] Gemeint ist sein 49. Geburtstag vom 8. Juli. Im vorigen Jahr ging keine Rakete los: Seinen vorjährigen Geburtstag hatte W. H. in London verbracht, wo er sich unter starken Existenzängsten um die britische und die französische Aufenthaltsgenehmigung bemühte. Kurz zuvor war er zeitweilig in Italien inhaftiert gewesen (s.A.- 56), was er zum Anlaß nahm, seinen dortigen Hausstand in größter Eile aufzulösen und sich schließlich in Südfrankreich niederzulassen.

Von Weib] Gemeint ist seine Lebensgefährtin Edith Schäfer.

Namenregister

Das vorliegende Register umfaßt alle Namensnennungen sowie die Titel von Werken Walter Hasenclevers in alphabetischer Reihenfolge. Die z.T. beigefügten Kurzkommentare sollen die Anmerkungen ergänzen. Den Werktiteln wurden Angaben zum Genre sowie das Datum der Entstehung beigefügt.

Inhalt

*Herausgeber und Verlag danken Dorothee Brix
und Marie-Christine Conring für Lektoratsmitarbeit
und Hilfe bei den Korrekturen.*

Die deutsche Bibliothek – CIP-Einheitsaufnahme

Ich hänge, leider, noch am Leben :
Briefwechsel mit dem Bruder Paul. / Walter Hasenclever.
Hrsg. und mit einem Nachw. von Bert Kasties.–
Göttingen : Wallstein-Verl. , 1997

ISBN 3-89244-225-8

Vom Verlag gesetzt aus der Stempel Garamond
Umschlaggestaltung: Basta Werbeagentur, Tuna Çiner
Druck und Verarbeitung: Hubert & Co, Göttingen
ISBN 3-89244-225-8

M